消滅絶景

もう見られない世界の美しい自然

NATIONAL GEOGRAPHIC

消滅絶景　もう見られない世界の美しい自然　もくじ

iii ユーラシア東部

iv アメリカ・オセアニア・南極

はじめに

前作『消滅遺産　もう見られない世界の偉大な建造物』では、世界から失われてしまった「建造物」を紹介した。本書では、世界から失われてしまった、あるいは消失の瀬戸際にある「自然や生物」の姿を写真でめぐる。

一九世紀にカメラが発明されて以降、人物や名所などともに、自然風景も撮影されてきた。だが前者に比べると、写真に残されていない自然風景は意外に多い。誰もがカメラを持ち、地上のあらゆる絶景を探して写真を撮るようになったのは、ここ一〇年ほどのこと。それまでは、ずっと当たり前に存在してきた光景をわざわざ撮影しようという人が今よりずっと少なかったのだ。

五〇年前、一〇〇年前にすでに景勝地として有名な場所であれば、当時の姿を今も写真で見ることができる。例えば、現在のヨセミテ国立公園はアンセル・アダムスの写真が有名だ。一方で、ヨセミテ渓谷に並ぶ美しさと称えられたヘッチヘッチー渓谷はダムに沈んで多くの人から忘れられ、写真も少ない。

写真に残されているかどうかは、関心の有無の表われだ。関心はすなわち、社会がその土地やその土地に生きる生物をどう扱うのかという態度に結びつく。

日々の生活の身近にいたグアムクイナは一時絶滅寸前まで追い込まれ、フクロオオカミはこの世界から消えてしまった。そのようにして、忘れられてしまった自然や生物はたくさんあるだろう。

本書に掲載した場所が失われた理由の多くは、人間による開発か自然災害だ。人為的に失ってしまったものについては、それが避けられた可能性があるがゆえに、取り返しがつかない思いにかられる。自然災害の場合は、被災した九寨溝の管理者が言うように、これもまた自然による変化の一部だとの考え方もありうるだろう。変化を続ける自然風景に完成形があるわけではない。それでも息をのむ姿が見られなくなるのは寂しいことだ。

そうしたすでに消えてしまった悲劇がある一方で、みごとに復活を遂げた成功例もある。ビャウォヴィエジャの森に生息するヨーロッパバイソンはいったん野生絶滅の憂き目にあいながら、懸命な努力により野生再導入を果たし復活した。また、そこにあることで特別な意味をもつ存在がある。砂漠に生えていたテネレの木は道標として長く親しまれ、探検家たちが手紙を託したバオバブの木はいくつもの記録に残っている。

今後も、ありふれた身近な世界が姿を変えていくことだろう。そうしたなか、世界から消えそうな自然環境や生物を救う努力が続けられている。世界遺産のうちで危機に瀕している生物や自然環境は「危機遺産リスト」で、絶滅の危機に瀕している生物は国際自然保護連合（ＩＵＣＮ）の「レッドリスト」で把握することができる。これらは解説で実例を紹介している。

本書に収録した場所は、おおまかな地域ごとに四章に分けた。順番に読む必要はなく、写真が目についたものから読んでいただいて構わない。数年前、数十年前、一〇〇年前の世界を、散歩するようにページをめくってほしい。

i

アフリカ

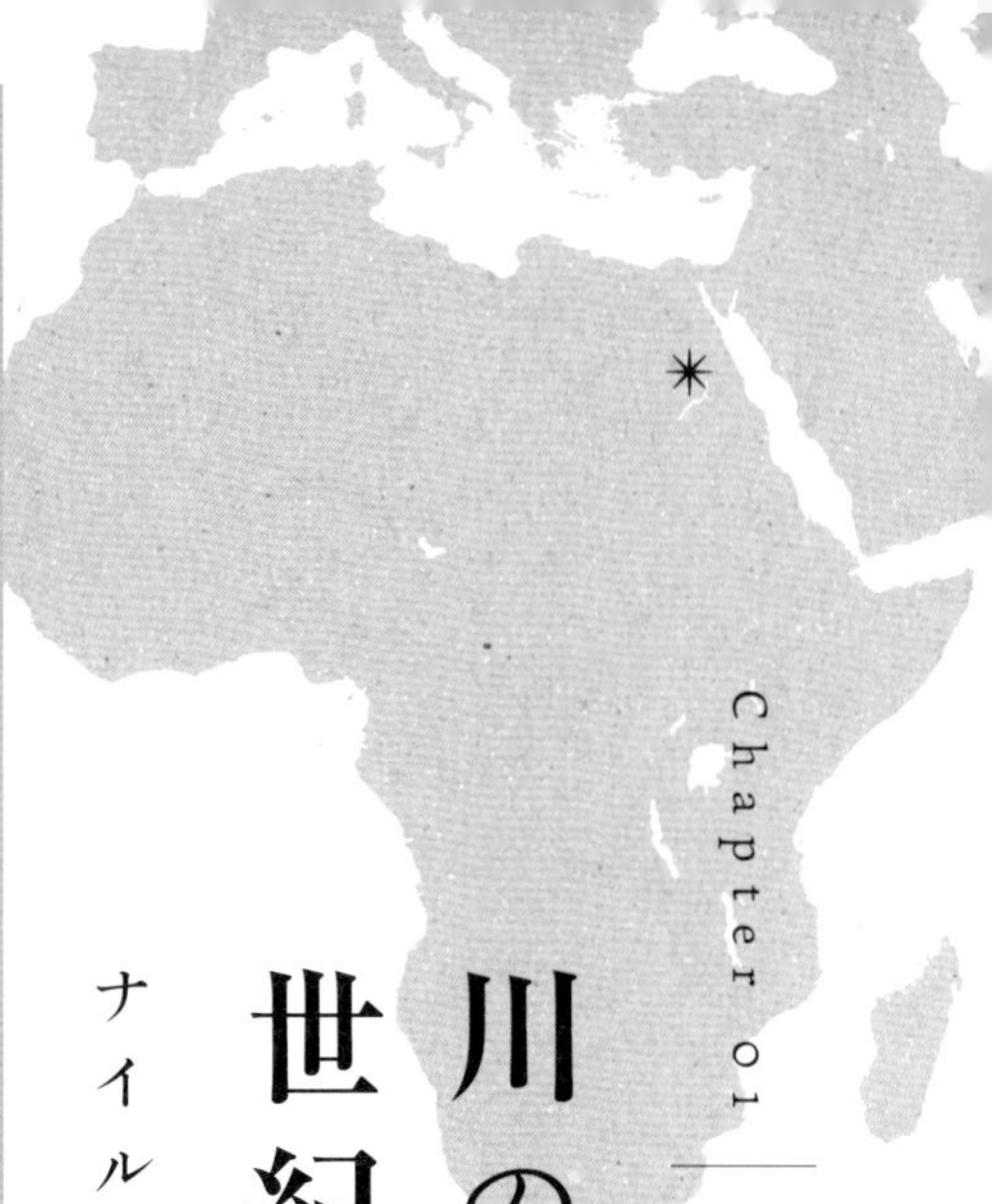

Chapter 01 | Nile River

川の流れを変えた世紀のダム事業

ナイル川

第1急流には1900年代初頭にアスワン・ロウ・ダムが建設された。写真の1850年代後半はまったくの手つかずだ。

ナイル川

ナイル川は何千年もの間、八月から一〇月にかけて氾濫を起こしてきた。川が氾濫している間は耕作できないが、洪水は上流から養分に富む土砂を運び込んで土地を肥沃に保ってくれていた。洪水の周期に合わせて暦が作られたり、氾濫が収まった後に農地を元通り配分するための測量と幾何学が発達したりするなど、ナイル川の氾濫は生活と密着したものだった。

　しかし一九世紀に入ると灌漑用の深い水路が掘られ、年間を通じて用水は畑に供給されるようになった。すると一転して洪水は農耕に不要になっただけでなく、洪水が起きないようコントロールする必要に迫られるようになった。

　氾濫を制御するため一九〇〇年代初頭にアスワン・ロウ・ダムが建設される。さらに洪水を完全に抑えるため一九六〇年にアスワン・ハイ・ダムの建設が決定した。ナイル川には六つの急流地点があるが、そのうちアスワンの南にある第一急流にダムを設置し、その上流にある第二急流にダム湖であるナセル湖を建設することが決まった。

　ダム湖の建設予定地には古代エジプトやヌビアの遺跡群があるが、当初はそのまま水没させてしまう計画だった。しかし、国際社会の協力によって、巨額の費用をかけて遺跡を救うことが決定された。救われた遺跡群の代表は紀元前一三世紀にラムセス二世によって建てられたアブ・シンベル神殿だ。現在は人造湖、ナセル湖のほとりにたたずんでいる。

　一九七〇年にアスワン・ハイ・ダムは完成。そのおかげでエジプトの耕作可能な地域は三〇パーセント以上増加した。また、琵琶湖の七倍半もある広大なナセル湖に水力発電所が建設され、エジプトの電力供給量は二倍になった。

1856～1860年の間に撮影された、荒々しい第二急流のようす。現在はナセル湖に沈んでいる。

アスワン・ロウ・ダム建設により水没したフィラエ神殿。後に、このフィラエ島からアギルキア島に移築された。

しかし洪水がなくなったことで肥沃な土砂が運ばれなくなり、下流の農地では土壌痩せが深刻化した。運ばれる土砂の減少はデルタ地帯での土地の侵食を引き起こしている。また生態系の変化も見られるなど、ダムが環境に及ぼす影響が明らかになっている。

二〇二〇年現在、さらに上流のエチオピアで新たなダム建設の計画が進んでおり、下流域のエジプトはさらにナイル川の水量が減ることを問題視している。

場所	ナイル川上流（エジプト）
消滅した時期	1900年代初頭〜1970年
原因	巨大ダムの建設

ダム建設でできたナセル湖

湖畔には水没を避けるため移築された遺跡のひとつ、アブ・シンベル神殿が見える。

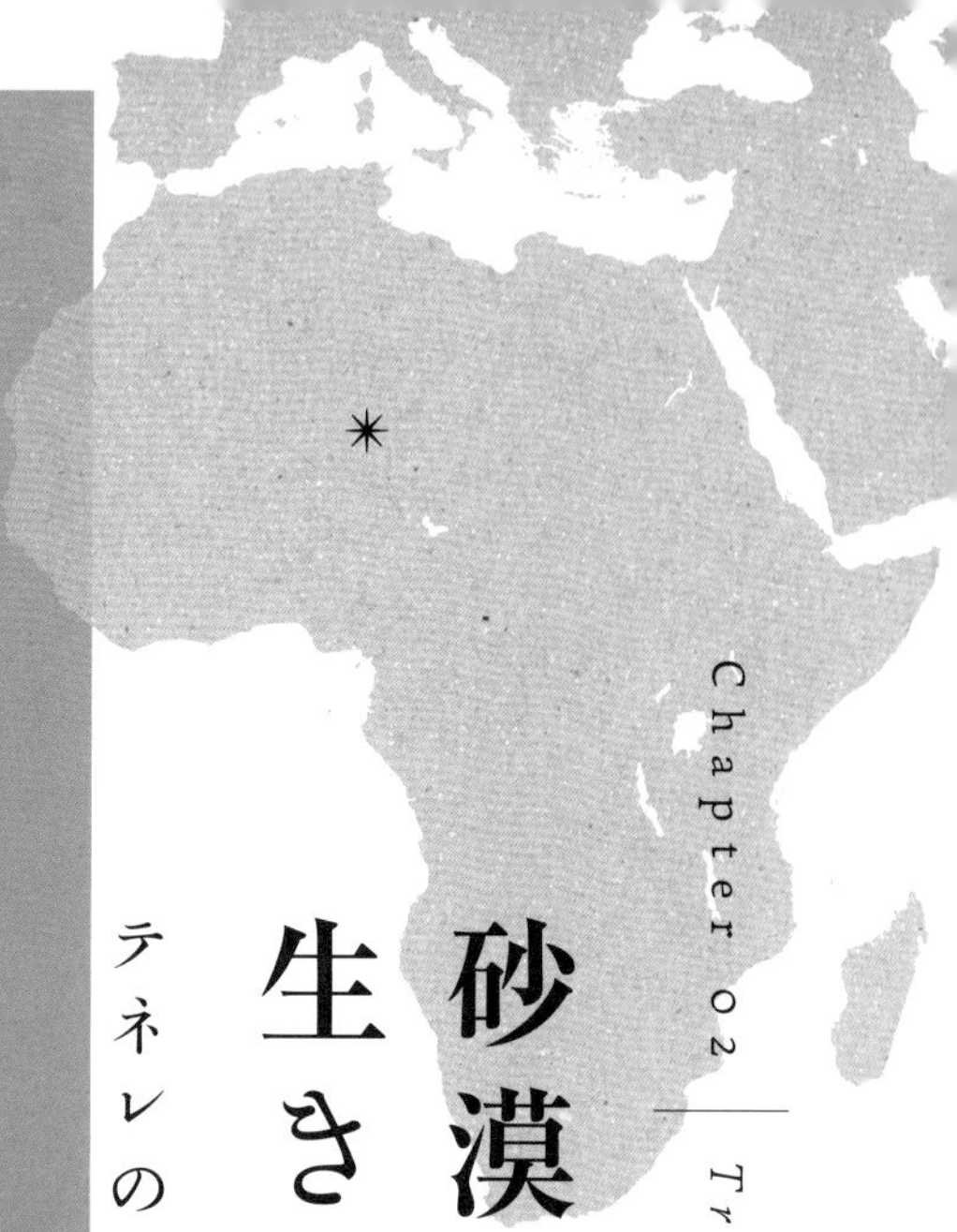

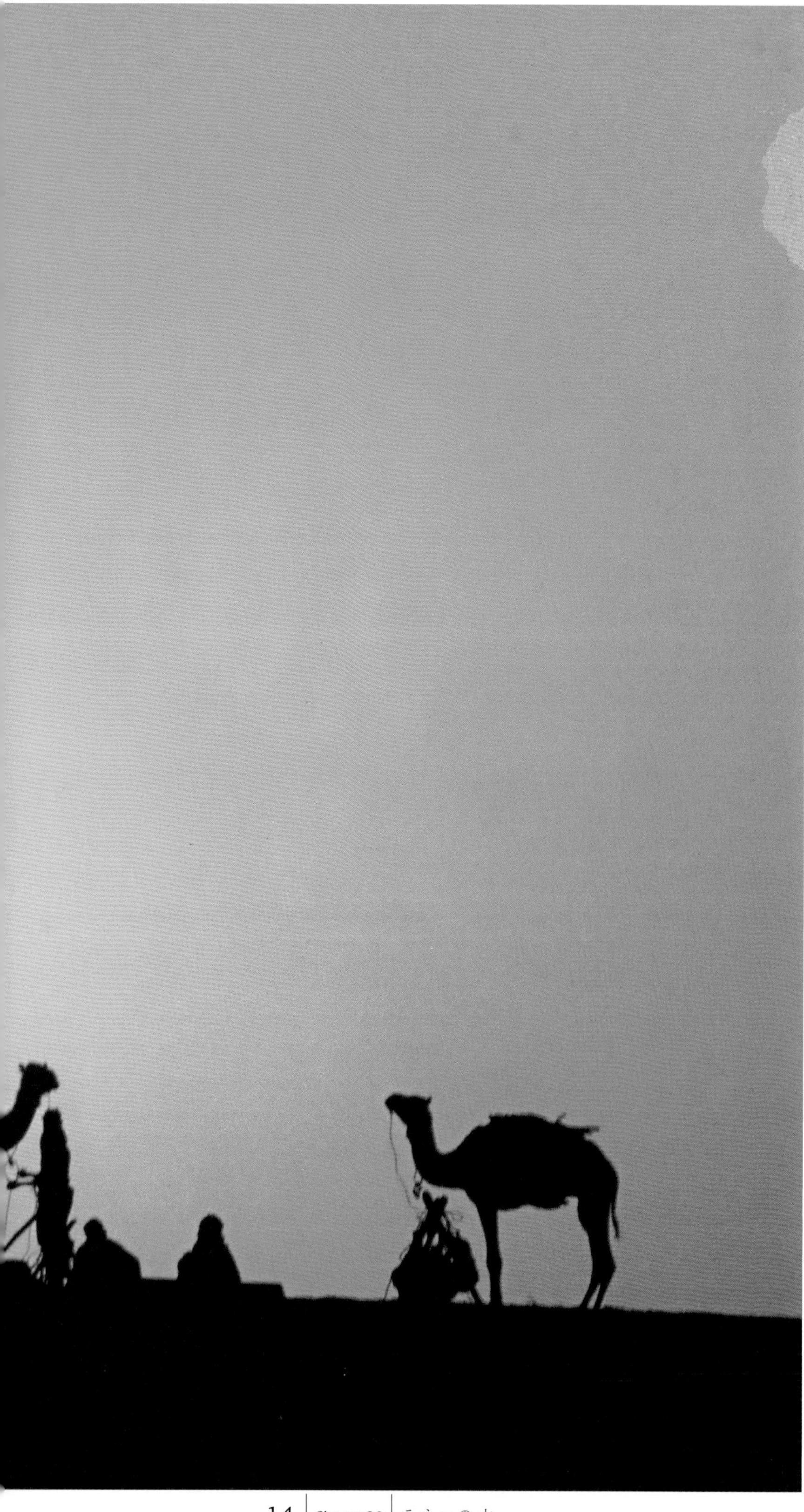

Chapter 02 Tree of Ténéré

砂漠の真ん中に生き残った木

テネレの木

砂漠に一本だけ立っていたテネレの木は、ランドマークであり憩いの場でもあった。

テネレの木

サハラ砂漠は有史以前から湿潤と乾燥を繰り返し、現在は五〇〇〇年間続く乾燥期にあるという。現在進んでいる砂漠化は気候変動だけでなく焼畑農業、過放牧、人口爆発によって深刻化している。

砂漠化が著しく進むニジェールで砂漠の真ん中に立つ木が一本あった。「テネレの木」と呼ばれたアカシアの木だ。テネレ地域（ニジェール北東からチャド西部にまたがる四〇万平方キロを超える広大な地域）が現在のように砂漠化する以前からあった最後の生き残りの木だと考えられている。樹齢は想定約三〇〇年。木は何十年もの間一本だけの状態で立っていて、他のどの木からも少なくとも一五〇キロは離れていた。この木は四〇〇万分の一スケールの世界地図で表示されており、そのような扱いを受けている木は世界のどこにもない。一九三九年にフランスの軍隊が木の近くに井戸を掘った際、木の根が三五メートル下にある地下水面にまで延びていることがわかった。

この木はアガデスからビルマ（ニジェールの町）へ塩を取りに行くキャラバンのルートの途中にあり、目印の役目を果たしていた。それだけでなく何世代にもわたって神聖な木として崇められ、キャラバン隊がここを通った際、人々はこの木を囲んで祈りを捧げたそうだ。ラクダに踏み潰されることもなく、まして薪や飼料用に切り倒されることもなかった。さながら掟のようにこの木は守られてきたのだ。

しかし一九七三年にトラックがこの木に衝突し、木は倒されてしまった。運転手は酒に酔っていたとされる。木の残骸は首都ニアメにあるニジェール国立博物館へ送られた。現在、テネレの木のあった場所（北緯一七度四五分、東経一〇度四分）には金属製のモニュメントが建てられ、「失われた木」と表示されている。これが新たな目印となった。

場所	テネレ砂漠（ニジェール）
消滅した時期	1973年
原因	トラックの衝突

新たな「テネレの木」

テネレの木が立っていた場所には、金属製のモニュメントが新たな目印として建てられた。

Chapter 03

Flamingos at Lake Nakuru

フラミンゴの湖

ナクル湖のフラミンゴ

ナクル湖に集まるフラミンゴの群れ。餌の藻によって赤羽毛が桃色に色づく。

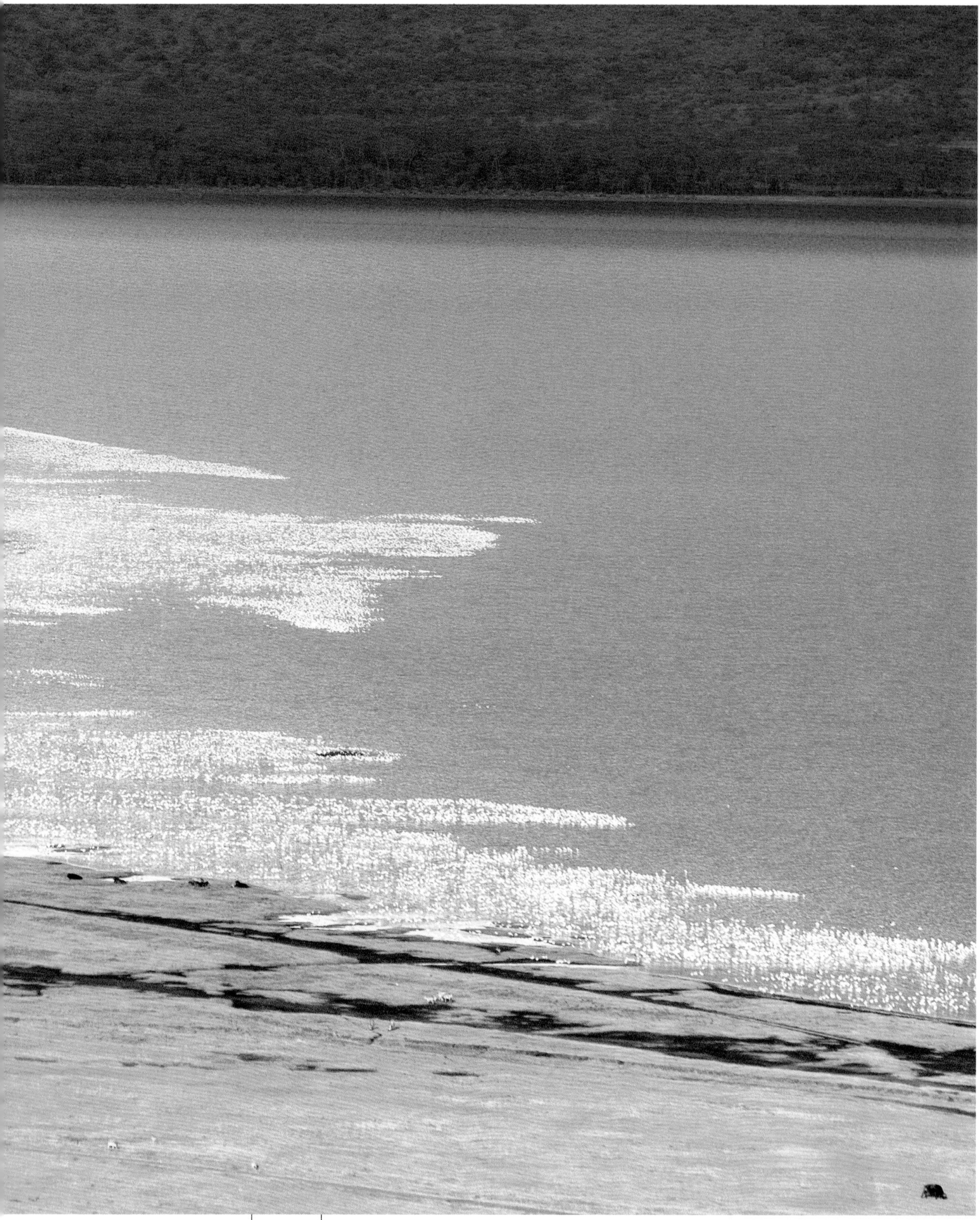

かつては湖面を埋めつくすほどの
フラミンゴが集まっていた。

ナクル湖のフラミンゴ

ケニアのナクル湖は百万羽以上のフラミンゴが集まることで有名な湖だ。群れは浅瀬を覆い尽くし、湖面を桃色に染めていた。この光景を目当てに外国からも多くの観光客が訪れていた。フラミンゴが集まるのは彼らの主食であるスピルリナという藻がここでよく育つからだ。この藻はナクル湖のように塩水でアルカリ性が高く、水深は浅く、水温が高いところで繁殖する。スピルリナに含まれる色素の働きによってフラミンゴの羽はピンク色に染まる。フラミンゴはここで一年に一平方キロあたり二万五千トンの藻を食べていた。

ところがここ二十年くらい、飛来するフラミンゴの数が極端に減っている。近年では多くても数百羽という単位にまで激減してしまった。スピルリナが育たなくなっているのが原因で、つまりは餌がないからフラミンゴは立ち寄らなくなってしまったのだ。

理由の一つはナクル湖の水位が異常に上昇したことで湖の塩分濃度が下がり、藻が育ちにくくなったことにある。経済の発展とともに、森林が伐採されたり、湖畔の湿地帯が集約農業へ転用されたり、近辺の市街化などによって土地の保水力が低下したりといったことが重なり、湖に流れ込む水の量が増えた。

この他にも気候変動が湖の環境に変化を与えているという説や、周辺の人口の急増、森林伐採、観光客の増加、近辺の工場が排出する汚水が湖に流入することなどが影響しているとの説もある。

場所／生物	ナクル湖（ケニア）
消滅した時期	2000年代以降現在進行中
原因	餌の減少

フラミンゴがいない湖

このまま湖からフラミンゴの姿が消えてしまうのだろうか。

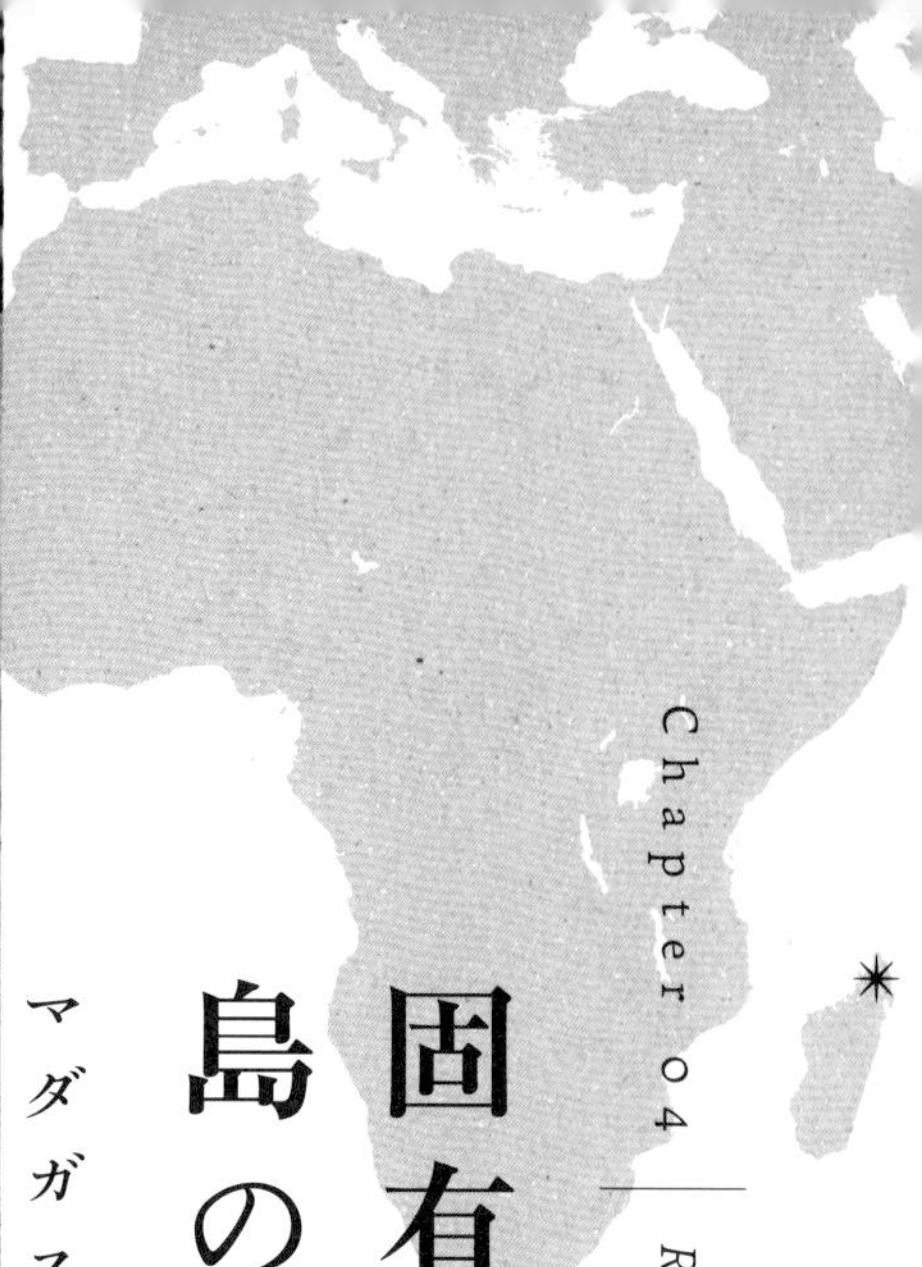

Chapter 04

Rainforests of the Atsinanana

固有種が豊富な島の熱帯雨林

マダガスカルの熱帯森林

マダガスカル北東部に広がるアツィナナナの豊かな森林には、固有種が多くある。

マダガスカルの熱帯森林

　アフリカ大陸沖に浮かぶマダガスカル島がいつまでアフリカ大陸と地続きだったのかについては様々な説がある。しかしマダガスカル島の動植物の約八〇パーセントが固有種であることから、マダガスカル島はかなり長い年月、独立した環境にあったと推測される。

　マダガスカル島はかつて森に覆われていた。海岸線に沿って森が広がり、標高一〇〇〇メートルから二〇〇〇メートルある中央部の森林地帯は深い谷で刻まれ、谷底には川が流れる。マダガスカルの地形は高低差が激しく、気候は多様だ。そのおかげで多様な生物が暮らす場所となった。

　樹木に関しては約四〇〇〇種が確認されており、その植生も独特である。世界で八種類あるバオバブのうち、六種はマダガスカル島の固有種である。動物に関してはキツネザルやテンレックだけでなく、マダガスカルにしかいない爬虫類や両生類、昆虫や鳥類が多数いる。動植物の多様性の豊かさは世界でも屈指のものだ。

　しかし現在、マダガスカルは深刻な環境問題に直面している。熱帯雨林は猛烈なスピードで破壊されつつあり、森に覆われた「緑の島」は赤い土壌がむき出しになった「赤い島」と化してしまった。

　大規模な森林破壊が行われた原因の一つは、マダガスカルで伝統的に行われてきた焼畑農業、タヴィだ。住民にとってタヴィは熱帯雨林を燃やすことによって農地を手に入れる簡便な方法である。土が疲弊したらまた新たに林を燃やし、そこに移る。これが繰り返されてきた。マダガスカルの人口の七割が農民でそのほとんどがタヴィを採用している。火は隣接した荒地に広がって山火事を起こすこともある。

　しかしタヴィはマダガスカルの伝統的な風習で、農民にとっては先祖と結びつく儀式のようなものでもある。文化的、精神的な意味を持つだけに禁止することはとても難しい。

「緑の島」が「赤い島」に

伐採され、山肌が見えている。

違法伐採も森林破壊の要因として挙げられる。紫檀や黒檀といった高値がつく木が森林から消えていく。調理用の燃料や木炭生産のための伐採も森林減少の要因の一つだ。

どれだけの森林が破壊されたのか確かな数字はないが、一九五〇年頃に存在した森林の四〇パーセントから五〇パーセントが二〇〇〇年頃までに消滅したとされる。残された森林地域の八割で伐採が行われている。二〇一〇年には違法な伐採や密猟を理由として、「危機にさらされている世界遺産」リストに加えられた。

場所	マダガスカル
消滅した時期	進行中
原因	焼畑農業、違法伐採
ユネスコ世界遺産	2007年登録(危機遺産)

Chapter 05

Northern white rhinoceros

角が狙われるサイ

キタシロサイ

かつては見られた、子どもを連れたキタシロサイの姿。

キタシロサイ最後のオス、スーダンは2018年に死亡した。

キタシロサイ

コンゴ民主共和国北東部のスーダン国境近くに広がるガランバ国立公園はキタシロサイの保護区として知られている。この絶滅危惧種の保護に力を注いできたことが評価され、一九八〇年ガランバ国立公園はユネスコの世界遺産に登録された。

キタシロサイはかつてチャド南部からコンゴ民主共和国まで、中央アフリカ各地に分布していた。体長は三メートルから四メートル前後で、オスの体重は三トンを超えることもある。視力は弱く、聴覚と嗅覚に頼って行動する。昼間は木陰で休んだり泥浴びしたりしている。

頭部には二本の角があり、吻端部（口先）の角のほうが長く最長一六〇センチに達する。この角こそが彼らを絶滅

キタシロサイ

に追い込んだ原因だ。角は中国では漢方薬として珍重され、イエメンでは短剣の柄として高い値がつくからだ。

一九六〇年には二〇〇〇頭以上生息していたことが確認されているが、一九六〇年代から八〇年代にかけて密猟が後を絶たず、一九八四年にはわずか一五頭にまで激減した。この年、キタシロサイはこのままでは絶滅する恐れがあるため、ガランバ国立公園は危機遺産リストに加えられた。

その後、密猟対策が徹底され、微増傾向に転じた。一九九二年には十分な成果を挙げたとしてキタシロサイは危機遺産リストから外された。しかし九〇年代後半に始まったコンゴ民主共和国（旧ザイール）の内戦のせいで順調に進んでいた保護活動は頓挫し、キタシロサイの生息数はついに一桁台に落ち込み、一九九六年には再び危機遺産リストに掲載された。二〇〇五年の調査ではわずか四個体しか確認されず、二〇〇六年八月以降野生のキタシロサイは発見されていない。二〇〇八年までに野生種は絶滅したと考えられている。

二〇〇九年、チェコの動物園で飼育されていたオスとメス二頭ずつをケニアのオルペジェタ自然保護区に移し繁殖を試みた。高齢のオス「スーダン」とその娘の「ナジン」、ナジンの娘「ファトゥ」、三頭と血縁関係にある若いオスの「スニ」だ。しかし二〇一四年に繁殖能力のあるスニが死に、キタシロサイ最後のオスとなったスーダンも二〇一八年に死亡した。ナジンとファトゥはすでに生殖能力がない年齢に達していた。

この時点でキタシロサイは事実上絶滅したことになる。しかし冷凍保存しておいた精子を用いた人工授精の試みが続けられている。そして多くのサイは現在でも密猟の対象となっており、ジャワサイやスマトラサイも個体数が二桁までに減り、絶滅の瀬戸際にある。

場所	ガランバ国立公園
生物	キタシロサイ
消滅した時期	2018年に最後のオスが死亡
原因	密猟
ユネスコ世界遺産	1980年登録（危機遺産）

コンゴ民主共和国の北東部に広がるガランバ国立
公園は、アフリカで早くに設立された。

Chapter 06 | Kilimanjaro Glacier

赤道直下の氷河

キリマンジャロの氷河

氷壁がそびえるキリマンジャロの氷河。

キリマンジャロの氷河

赤道直下にもかかわらず、アフリカ最高峰のキリマンジャロ（標高五八九五メートル）の山頂は常に雪に覆われている。世界の七大陸最高峰の一つであり、山脈に属さない独立峰として世界で最も高い山だ。

一八四八年、キリマンジャロを初めて見たヨーロッパ人であるドイツ人の宣教師レブマンは雪で覆われた山を「発見」したと自国に報告するが、熱帯に雪が存在することなど当時の地質学者に受け入れられなかった。のちに彼にちなんで氷河の一つが「レブマン氷河」と名付けられることになるのだが。

ヘミングウェイの小説『キリマンジャロの雪』によって広く知られているせいかキリマンジャロ登山に挑む人は多い。キリマンジャロは特別な技術がなくても登れる山で、数日間で赤道から極地へ移動するような環境の変化を経験できる。また、キリマンジャロでは通常氷河の末端部分でしか見られない氷壁を頂上で見ることができ、これらがキリマンジャロ登山の魅力を増しているのだろう。ちなみにキリマンジャロの最速登頂（登頂を開始してから下山するまでの合計時間）は六時間四二分だ。

実はキリマンジャロの氷河はどんどん解けている。二〇世紀の間に氷河は九〇パーセント近くにまで縮小してしまった。さらに二〇〇〇年に残っていた氷床の四〇パーセントは二〇一一年には消えてしまっている。

原因については気温上昇によって氷が解けているという説や、降雪量の減少が原因だという説、また赤道直下の高山で気温は氷点下という特殊な環境にあるため、山頂部の氷が直接昇華して氷河の縮小を招いているという説がある。

原因が何であるにせよ、キリマンジャロの氷河は二〇四〇年までに消え、二〇六〇年以降はいかなる氷体もなくなっているだろうと予測されている。

場所	キリマンジャロ（タンザニア）
消滅した時期	進行中
原因	複数説あり

氷河の減少

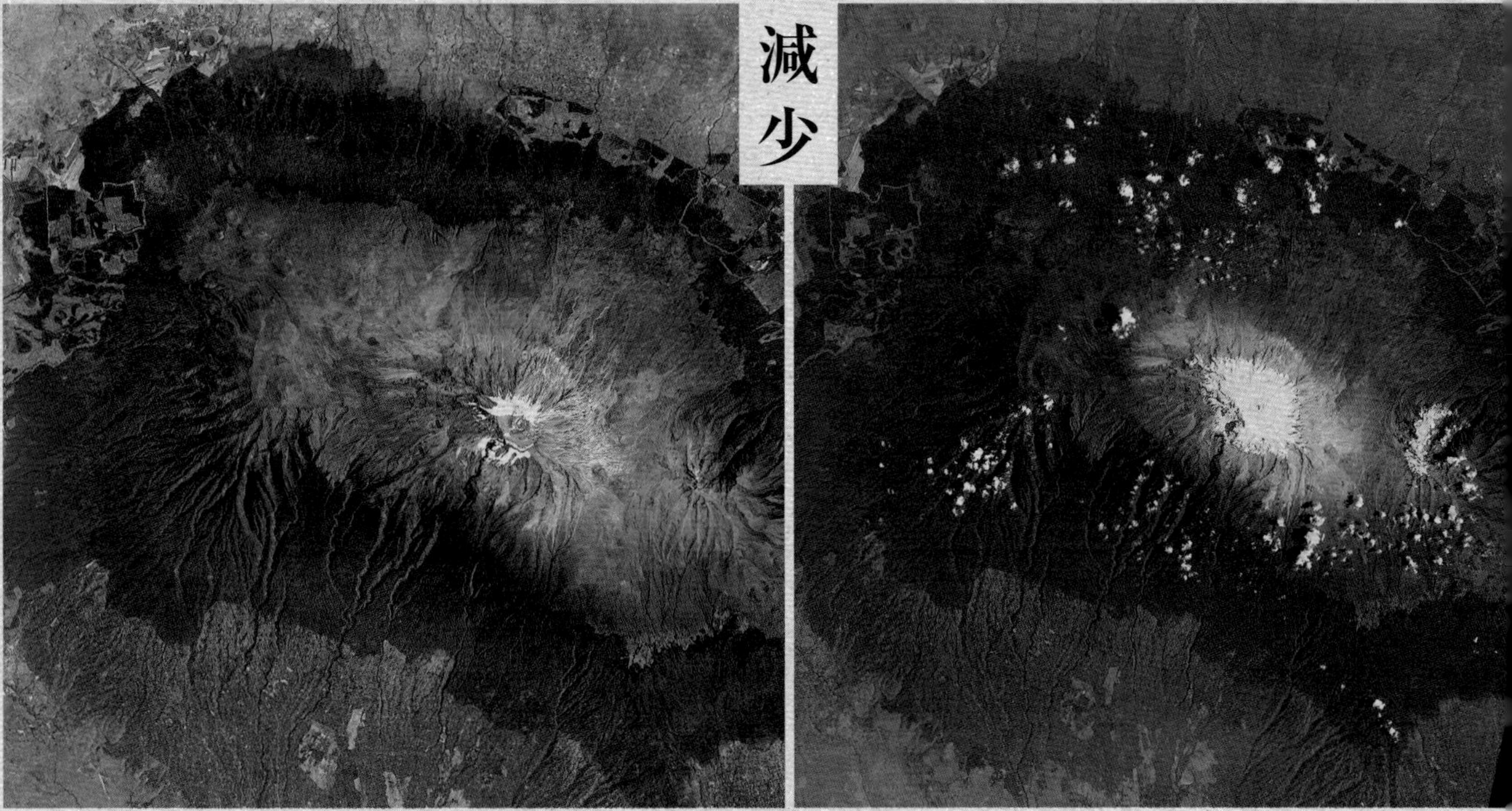

1993年（右）と2000年（左）の比較。山頂部の氷河面積が減っていることがわかる。

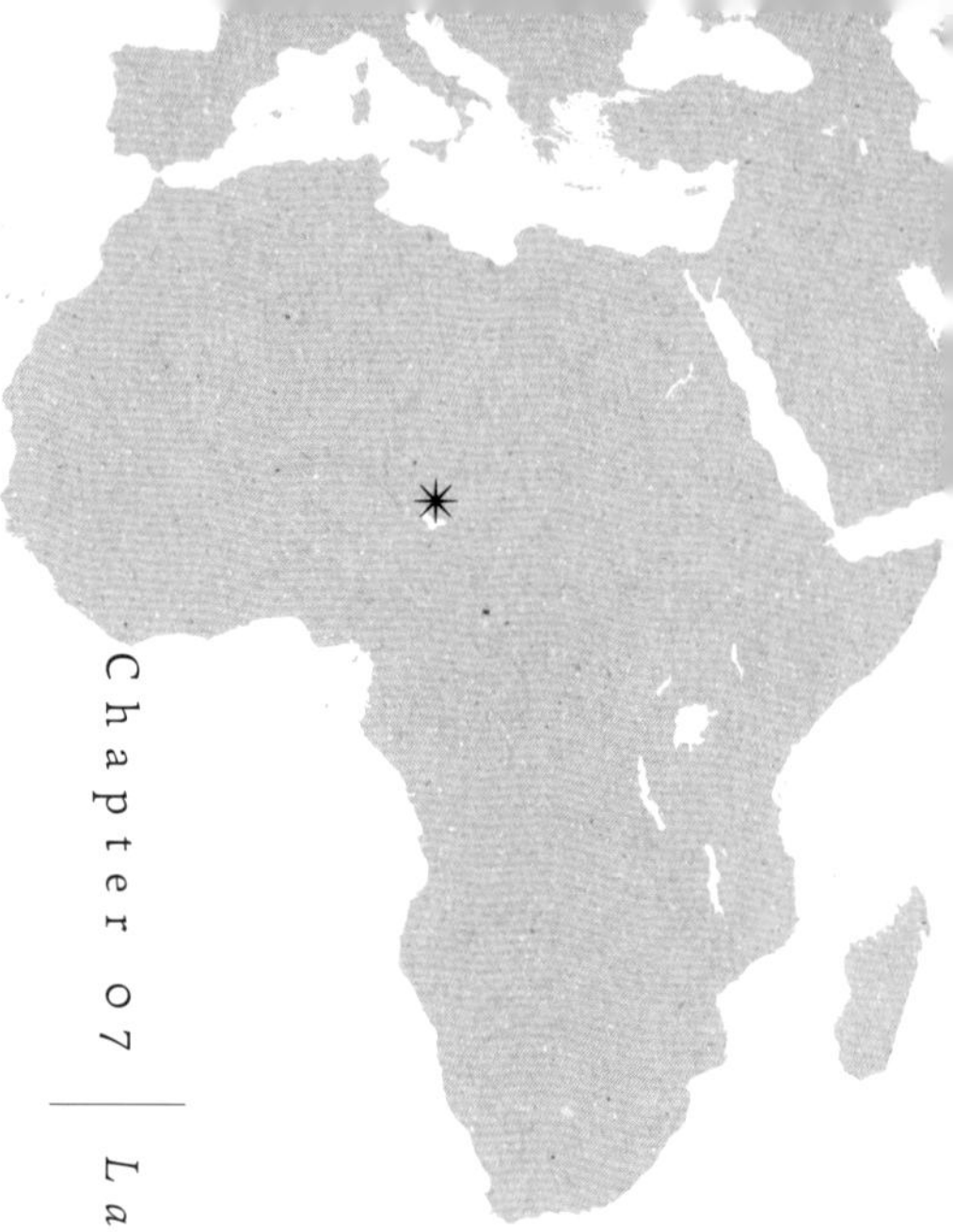

Chapter 07 | *Lake Chad*

二〇〇〇万人の命の湖

チャド湖

4カ国にまたがり2000万人に水を提供していたチャド湖は危機を迎えている。

干上がり湖底をさらすチャド湖。

チャド湖

チャド、ニジェール、ナイジェリア、カメルーンの四カ国にまたがるチャド湖は世界六位を誇る湖だ。湖は周辺に暮らす二〇〇〇万人以上の人々に水を供給してきただけでなく、水鳥、ワニ、魚類、草食動物を含む幅広いエコシステムを支えてきた。現地語で「チャド」は「大きな水域」を意味するが、多くの生き物がその水域に頼っていたのだ。

チャド湖の水深は浅く、乾期は大きな沼と化し、雨季でも水深は平均して一・五メートルしかない。雨季と乾季では面積が二倍もの差がある。季節の差だけでなく、チャド湖は昔から拡大と縮小を繰り返してきた。少なくともここ千年の間に六回は干上がっている。

しかし現在、これまでの範囲を超えた急激な変化が起きている。一九六三年から二〇〇一年までの四〇年間に九五パーセントの面積が失われてしまうほどの収縮が確認されている。地形や風景、気候だけでなく、人々の暮らしにも影響を及ぼしている。かつて湖畔には集落が並んでいたが、今は湖から何キロも離れたところに小さな村がポツンと点在するのみとなった。魚が減り、農業に転換せざるを得なくなった漁師もいる。

原因としてまず思い浮かぶのが気候変動だ。温暖化が干ばつを引き起こし、気温上昇が湖の水を蒸発させている。確かに一九七〇年代以降、気温が五〇度を超えることがしばしばあり、年間雨量も減り続けている。

しかし多くの調査は気候変動より人的要因による影響が大きいと指摘する。周辺の急激な人口増加による水需要の増大と、農地開発のための大規模な灌漑がその主因に挙げられる。チャド湖と湖に注ぐシャリ川やロゴーヌ川から、管理の行き届かない非効率的な方法で大量に取水が行われているのだ。

ダムの建設もチャド湖から水を奪っている。水力発電や乾燥地帯に不向きな稲作を行うために一九七〇年代から一九八〇年代初期にかけて二〇基のダムが建設された。

このままではチャド湖は二一世紀中には消滅するとも予想されている。

場所	チャド湖（チャド／ニジェール／ナイジェリア／カメルーン）
消滅した時期	進行中
原因	灌漑など

急速に失われていく水

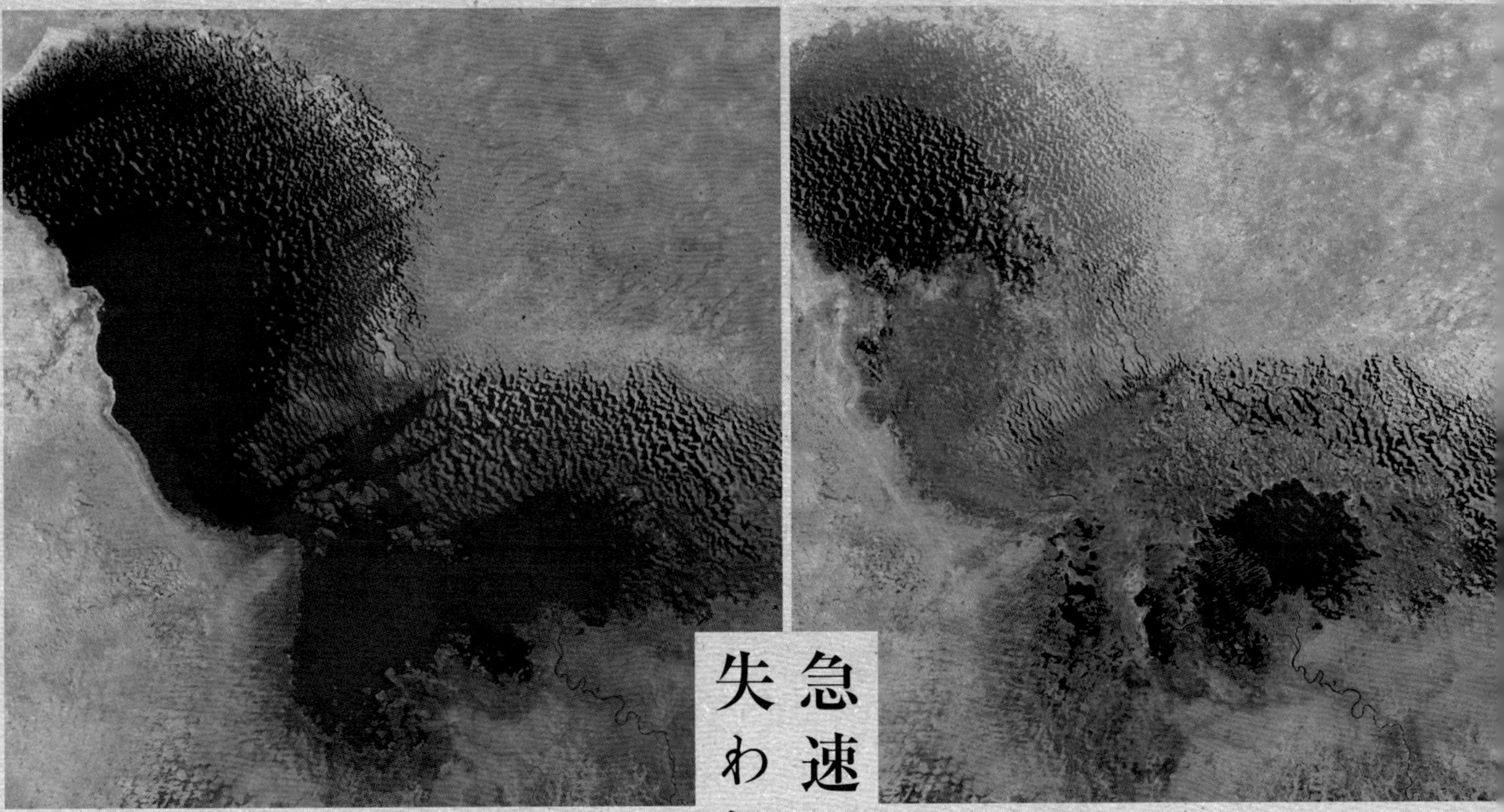

1973年（左）と2013年（右）の比較。

Chapter 08 | Chapman's Baobab

探検家の手紙を託された木

チャップマンのバオバブ

手紙を託され、多くの人の中継点と
なったチャップマンのバオバブ。

チャップマンのバオバブ

二〇一六年一月一六日、ボツワナの砂漠に立っていた巨大なバオバブの木が倒れた。アフリカの三大巨木のひとつとされ、国定記念物にも指定されていた。樹齢は一五〇〇年とも五〇〇〇年とも推定されるが、バオバブには年輪がないのではっきりしたことはわからない。

「チャップマンの木」という呼び名は、この木に手紙を託した最初の人物とされる探検家ジェームズ・チャップマンにちなんでいる。この木にまつわるエピソードはいくつもあり、例えば一九世紀にヨーロッパ人として初めてアフリカ大陸を横断したことで有名なデイビッド・リビングストンは立ち寄った際に、この木を測ったという。周囲二六メートルという記録が残っている。幹は一本だけでなく七本に分かれていたとの記録がある。

巨大な木は地図に頼ることのできない西洋の探検家にとって目印の役割を果たした。厳しい環境の中、この木に到着すればその根元でしばし憩うことができるありがたい休憩所でもあった。どれだけの探検家、貿易商、布教者、開拓者がこの木の下で一夜を過ごしたことだろう。

他のバオバブの木同様、チャップマンの木にも大きな洞《うろ》があった。この洞がアフリカ初の郵便局の役目を果たしたのだ。北へ向かう西洋人たちはこの洞に家族宛の手紙を残した。その後に南へと下る人がこの木を通った際、手紙を拾い上げ投函してくれることを期待して。

現在、植物学者がこの木が倒れた原因を調査している。バオバブの木は倒れても新しい組織が生えることがある。チャップマンの木は石で囲まれて見守られながら再生を待つ。

リビングストンをはじめ、ヨーロッパからの探検家も目にしたボツワナの乾燥地帯。

場所	トゥトゥメ（ボツワナ）
消滅した時期	2016年
原因	調査中

ii ユーラシア西部

Chapter 09 | Aral Sea

乾燥地帯の巨大湖

アラル海

1960年代、まだ水も豊富で、
漁業もさかんに行われていた。

アラル海

カザフスタンとウズベキスタンにまたがる塩湖アラル海は一九六〇年代まで世界第四位を誇る湖だった。湖沼面積は日本の東北地方とほぼ同じ大きさの六万八〇〇〇平方キロあった。しかし一九六〇年以来、わずか半世紀で一〇分の一にまで干上がってしまい、湖底の表出、砂漠化、生態系へのダメージなど史上最悪と評される環境破壊が起きた。原因は旧ソビエト時代に行われた灌漑政策にある。

太古からアラル海にはアムダリヤ川とシルダリヤ川という二本の大河が注いでいた。アラル海から流出する川はないので、アラル海の水位は一定に保たれてきた。シルクロード沿いの集落が何世紀にもわたって繁栄してきたのはアラル海とこれら二本の川のおかげなのだ。

第二次大戦後、ソ連はカザフスタンおよびウズベキスタンの草原を広大な綿花栽培地帯にすることを決定した。この乾燥地で栽培を行うためには大量の水が必要で、アムダリヤ川とシルダリヤ川の水を引き込む大規模な灌漑計画が立案された。「自然改造」という理念に基づいて進められた世界史上、類を見ない壮大な計画だ。一九六〇年代には三万二〇〇〇キロメートル以上の水路、四五のダムと八〇以上の貯水地を含む巨大な水のネットワークが建設された。

取水が始まるとアラル海の水位はみるみるうちに下がっていった。一九六〇年代には年平均二〇センチ、一九七〇年代には六〇センチと猛烈なペースで水面は低下した。湖も急激に縮小し、一晩で湖岸線が数十メートルも遠のくこともあった。退避しそこなって打ち捨てられた船が干上がった湖底に残る光景は、この悲劇の象徴として有名になった。

非効率的で無計画な灌漑はアラル海から水を奪い続け、一九八七年にはとうとうアラル海を南北に分断した。カザフスタンの小アラル海、ウズベキス

1960年代、アラル海の漁師。

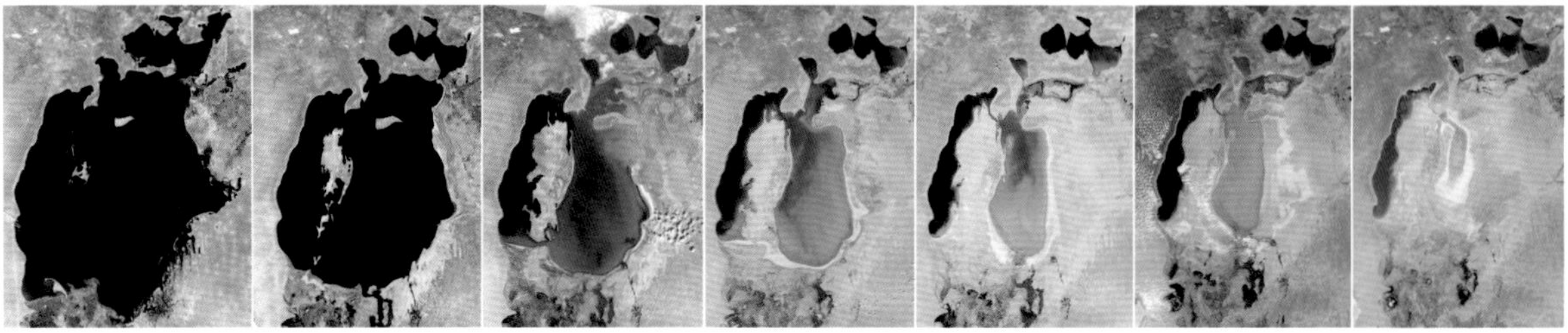

左から右へ、1973年、1987年、1999年、2001年、2004年、2007年、2009年。

タンの大アラル海だ。二〇〇二年に大アラル海はさらに東西に分断。二〇一四年七月、東側は完全に干上がった。数十年のうちにアラル海は複数の小さな湖となってしまった。

国連環境計画の資料によると一九六〇年からの約五〇年間で灌漑農業用地は四五〇〇万ヘクタールから八〇〇〇万ヘクタールに増加したが、それと引き換えにアラル海に注ぐ年間水量は五分の一以下になってしまった。

かつてのアラル海は魚が豊富で四万人もの人々が漁業に従事していた。水揚げ量の六分の一がソビエト連邦に輸出されるなど、漁業は大きな産業だった。しかしアラル海の縮小によって漁場が遠ざかっただけでなく、湖水が蒸発し塩分濃度が上がってしまったことで、魚が生存できなくなった。大アラル海の塩分濃度は一九九三年に海水を超え、二〇〇〇年には海水の二倍に達した。塩分に強いはずのカレイですら死滅した。漁業は不可能になり九割の漁民が廃業や転業に追い込まれ、移住を余儀なくされた。

しかし大海の一滴のようなわずかな希望もある。一九八九年に湖が分断された北半分の小アラル海ではコカラル堤防の建設により水位は回復しつつあり、二〇一二年二月にはシルダリヤ川の河口デルタと共にラムサール条約に登録された。魚も戻り始め、漁業も復活の兆しを見せている。

場所	カザフスタン／ウズベキスタン
消滅した時期	1960年代以降
原因	灌漑

アラル海の現在

かつて湖だった場所は、打ち捨てられた船の墓場となっている。

Chapter 10 | *Arabian Oryx Sanctuary*

ユニコーンのモデルが駆ける砂漠

アラビアオリックス保護区

オマーンの保護区に放されたアラビアオリックス。

アラビアオリックス保護区

オリックスは、アフリカやアラビア半島の砂漠地帯にすむウシの仲間で、そのうちアラビア半島にすむ種がアラビアオリックスだ。体長が約一七〇センチ、体重は七〇キロとアフリカのオリックスより一回り小さい。足が砂に沈みこまないよう、蹄《ひづめ》の幅が広く発達した。

その特徴はなんといってもゆるやかに反り返った角だ。なんと七〇センチもあり、横から見ると二本が重なって一本に見えるので、伝説の動物ユニコーンのモデルになったとの説もある。優美な姿は詩にうたわれ、古代から装飾のモチーフとなってきた。多くのアラブの国の象徴となり、カタール航空のロゴにもなっている。

しかし彼らの美しい角や毛皮を狙った密猟が横行し、娯楽目的の狩猟で殺されることもあり数は減っていった。一九七二年に野生個体は絶滅したとされる。

一九八二年、オマーンのカブース・ビン・サイード国王は米国から一〇頭のアラビアオリックスを譲り受け、オマーン中央部にアラビアオリックスの保護区を開設した。この保護区は放し飼い状態で野生に戻すことを目指す世界で初めての試みで、一九九四年にユネスコの世界遺産に登録された。その結果いったんは四〇〇頭にまで増えたものの、それ以降、密猟や生息環境の悪化により、再び六五頭にまで減ってしまった。

二〇〇六年にオマーン政府は油田開発のためアラビアオリックス保護区の面積を九割縮小する意向をユネスコに伝えた。また、これ以上アラビアオリックスの保護や管理を続ける意思のないことを表明し、話し合いの結果、保護区は世界遺産リストから抹消された。世界遺産リストから抹消された自然遺産は、オマーンのアラビアオリックス保護区が唯一である。

しかしアラビアオリックスを野生に戻す再導入プログラムはヨルダン、サ

オマーンの保護区は危機的だ。写真はアラブ首長国連邦、ドバイの砂漠に再導入されたアラビアオリックスの群れ。

ウジアラビア、イスラエルなどで行われている。これらが成果を上げ、個体数が回復しているとの明るいニュースもある。

アラビアオリックスは依然として国際自然保護連合（IUCN）のレッドリストに含まれているものの、二〇一一年に「野生絶滅」より三ランク下の「絶滅危惧Ⅱ類」に変更された。

場所	アラビアオリックス保護区（オマーン）
消滅した時期	2007年
原因	開発・保護の放棄
ユネスコ世界遺産	1994年登録、2007年抹消

鬱蒼と茂るヨーロッパ最後の原生林。バイソン以外にも、オオカミやオオヤマネコなど多様な種が生息している。

Chapter 11

European bison in Białowieża Forest

復活したヨーロッパ最大の陸上動物

ビャウォヴィエジャの森のヨーロッパバイソン

ビャウォヴィエジャの森のヨーロッパバイソン

ポーランドとベラルーシの国境にまたがるビャウォヴィエジャの森は、ヨーロッパに残る最後の原生林だと言われている。原生林とは古くから人の手が入ることがなく、自然のままの森林のことをいう。ビャウォヴィエジャの森はヨーロッパ最大の陸上動物ヨーロッパバイソンの棲息地として知られている。

ビャウォヴィエジャの森の総面積は約一五〇〇平方キロもある。富士山がすっぽり入ってしまう広さだ。一五世紀初頭以来ポーランド王やロシア皇帝が狩猟地として保有してきたため、開発をまぬがれ手つかずのまま残った。しかし二〇世紀初頭に勃発した第一次世界大戦が状況を大きく変えた。混乱の中で森に住む多くの動物たちが狩猟の対象となった。その一つがヨーロッパバイソンだ。

ヨーロッパバイソンのオスは体長三メートル、体高二メートルを超し、体重も一トンを超える。草食で小さな群れをなし、もともとはヨーロッパ西部からバイカル湖まで広い地域にわたって分布していた。アルタミラやラスコーの洞窟にも描かれているように人間との関わりも深い。しかし生息地である森林や草原の減少、乱獲などで数は激減し、二〇世紀初頭に生き残っていたのはビャウォヴィエジャの森とカフカス山脈だけとなった。

ビャウォヴィエジャの森では第一次世界大戦中にドイツ軍兵士によって残っていたヨーロッパバイソンの大半が殺された。その数は六〇〇頭にも上るという。戦争は終わったが、一九一九年には残っていた最後の一頭が撃たれ、ヨーロッパの野生個体は絶滅した。

当時、世界中の動物園にいたヨーロッパバイソンの数はわずか五四頭で、その中から純粋種のものを選び、二十余年にわたって人工繁殖が試みられてきた。一九五二年に最初のヨーロッパバイソンがビャウォヴィエジャの森に返された。ビャウォヴィエジャの森で

かつてヨーロッパに広く生息していたヨーロッパバイソン。ビャウォヴィエジャの森で復活しつつある。

の野生復帰プログラムは成功し、数は順調に増えていき、再び野生の姿のヨーロッパバイソンを見ることができるようになったのだ。

野生復帰は単に動物を元の場所に戻すだけでなく、その動物が戻ることによって、その土地の生態系全体が回復することを目指す。ヨーロッパバイソンはその中心的な役割を果たす種なので、ビャウォヴィエジャの森以外にもヨーロッパ各地で野生復帰の取り組みが行われるようになった。

現在ヨーロッパに生息するヨーロッパバイソン約五〇〇〇頭のうち、約三五〇〇頭が野生もしくは半野生の状態にあり、ビャウォヴィエジャの森には約一四〇〇頭生息する。

場所	ビャウォヴィエジャの森（ポーランド／ベラルーシ）
消滅した時期	1919年
原因	乱獲・生息地の減少
ユネスコ世界遺産	1979年登録

ベラルーシとポーランドにまたがり、原生林が広がる。

Chapter 12 | Aletsch Glacier

縮んでいく氷河

アレッチ氷河

1900年頃のフォトクローム。氷河を挟んでエッギスホルンが見える。

1478. P. Z. – ALETSCHGLETSCHER MIT ALETSCHHORN

アレッチ氷河

ユングフラウ、メンヒ、アイガーなど四〇〇〇メートル級の山々が連なるスイスのアルプス地方にユーラシア大陸西部で最大の氷河がある。アレッチ氷河だ。アルプスの名峰と氷河の織りなす美しい景観が評価され、この一帯は二〇〇一年に「ユングフラウ・アレッチ・ビーチホルン」として世界遺産に登録された。アルプス山脈は数千万年前、アフリカ大陸がヨーロッパ大陸へ衝突したことで隆起してできた。

最初にユングフラウ登頂がなされたのは一八一一年、メイヤー兄弟によってだ。一八七四年にはメタ・ブレヴォートという米国人の女性登山家によって初めて冬季登頂が成し遂げられた。『指輪物語』の著者として有名なトールキンも一九一一年の学生時代に友人とユングフラウを登り、その時に見た雪景色が小説にヒントを与えたとされる。今では登山鉄道に乗ればユングフラウの頂上に行けるし、展望台から氷河を眺めたり、アレッチ氷河の上をトレッキングしたりすることも可能になった。

アレッチ氷河は全長二二キロメートル、幅は平均一・五キロメートル、氷の厚さが最大九〇〇メートルある。源流は北にあるユングフラウで、氷河の融解水は南にあるマッサ川の峡谷群を経由して、ヨーロッパで最も重要な水系のひとつであるローヌ川水系に流れ込んでいる。

しかし近年、地球温暖化によってアレッチ氷河はかつてないスピードで解け続けている。過去四〇年間で氷河は一三〇〇メートル後退し、厚さは二〇〇メートル減ってしまった。現在は氷河の長さが一年に二三メートルずつ後退しているとのことだ。アレッチ氷河より小規模な氷河が周辺に一五〇〇あるが、いずれも同じような状態にある。

今後も明るい見通しはないようだ。現在の速度で氷が解け続けたら、今世紀末までにアレッチ氷河の面積は三割に縮小し、体積は一割以下になってし

減退していく氷河

2018年の撮影。


まう。スイスの氷河のすべてが今世紀末までになくなるとの予測もある。

アルプスの氷河はヨーロッパの主要河川の供給源となっていて、下流の多くのダムの水源でもある。その氷河が解ければ川の流れやダムに多大な変化を与えることは必至だ。また氷河が後退したあとには堆積物などにせき止められて水が溜まる氷河湖ができやすいが、それらが決壊して洪水や土石流を引き起こす恐れがある。地滑りや土砂崩れの危険性も高まるだろう。景観は大きく変わり、観光産業にも影響が及ぶことになる。

スイスアルプスの氷河の後退は必ずしも地球温暖化のせいばかりではなく、原因の半分は自然の気候変動サイクルによるものだとする研究もある。

場所	アレッチ氷河（スイス）
消滅した時期	進行中
原因	温暖化など
ユネスコ世界遺産	2001年登録（スイスアルプスのユングフラウとアレッチの一部として）

iii ユーラシア東部

Chapter 13 | Can Gio Mangrove Forest

再生したマングローブ林

カンザーのマングローブ林

ホーチミン市にごく近い場所に、
豊かなマングローブ林が再生した。

カンザーのマングローブ林

ベトナムの南部デルタ地域、カンザー地区にはベトナム最大のマングローブ林が広がっていた。しかし、一九六〇年代から一九七〇年代のベトナム戦争中、米軍が撒いた枯葉剤によって約四万ヘクタールもあったマングローブ林のほぼすべてが死滅してしまった。

　カンザー地区はホーチミン市（当時はサイゴン）の南端に位置し、米軍や南ベトナム政府軍と戦う南ベトナム解放戦線の拠点だった。マングローブ林は彼らにとって格好の隠れ家で、ここを拠点にゲリラ活動を行っていたのだ。

　この戦術に手を焼いた米軍はマングローブを一掃する作戦を遂行し、一〇〇万ガロン以上、八万三六〇〇キロリットルの枯葉剤と除草剤が散布された。散布攻撃は熾烈でマングローブ林の約七割にあたる三万ヘクタール近くが枯れ果てた。カンザー地区のマングローブは壊滅的な打撃を受けたのだ。

　マングローブは特定の植物の名前ではない。満潮時は海面下に沈み、干潮時は陸地となる潮間帯に育つ植物の総称で、種類は約百種ある。マングローブは生活に必要な多くのものを提供してくれる。樹木は建材や燃料に使われ、樹液は薬ともなる。またマングローブはそこに住む生き物に豊かな生息環境を提供し、魚介類なども豊富に育つ。それだけでなく自然の防波堤の役割も果たしてくれる。

　戦争中であるにもかかわらず、人々はマングローブの再生に取り組み、約八五〇〇ヘクタールの植林が行われた。戦争後にはベトナム政府や日本のNGOなども加わって、二万ヘクタールのマングローブ林の再生がカンザー地区で行われた。世界的に見ても森林回復を成功させた模範的な地域である。

　ここカンザー地区は二〇〇一年一月、ユネスコにより生物圏保存地域に指定された。

場所	カンザー地域（ベトナム）
消滅した時期	1970年代
原因	温暖化、戦争

保護区域内にある、フォレストパーク。
マングローブ林の中を歩ける。

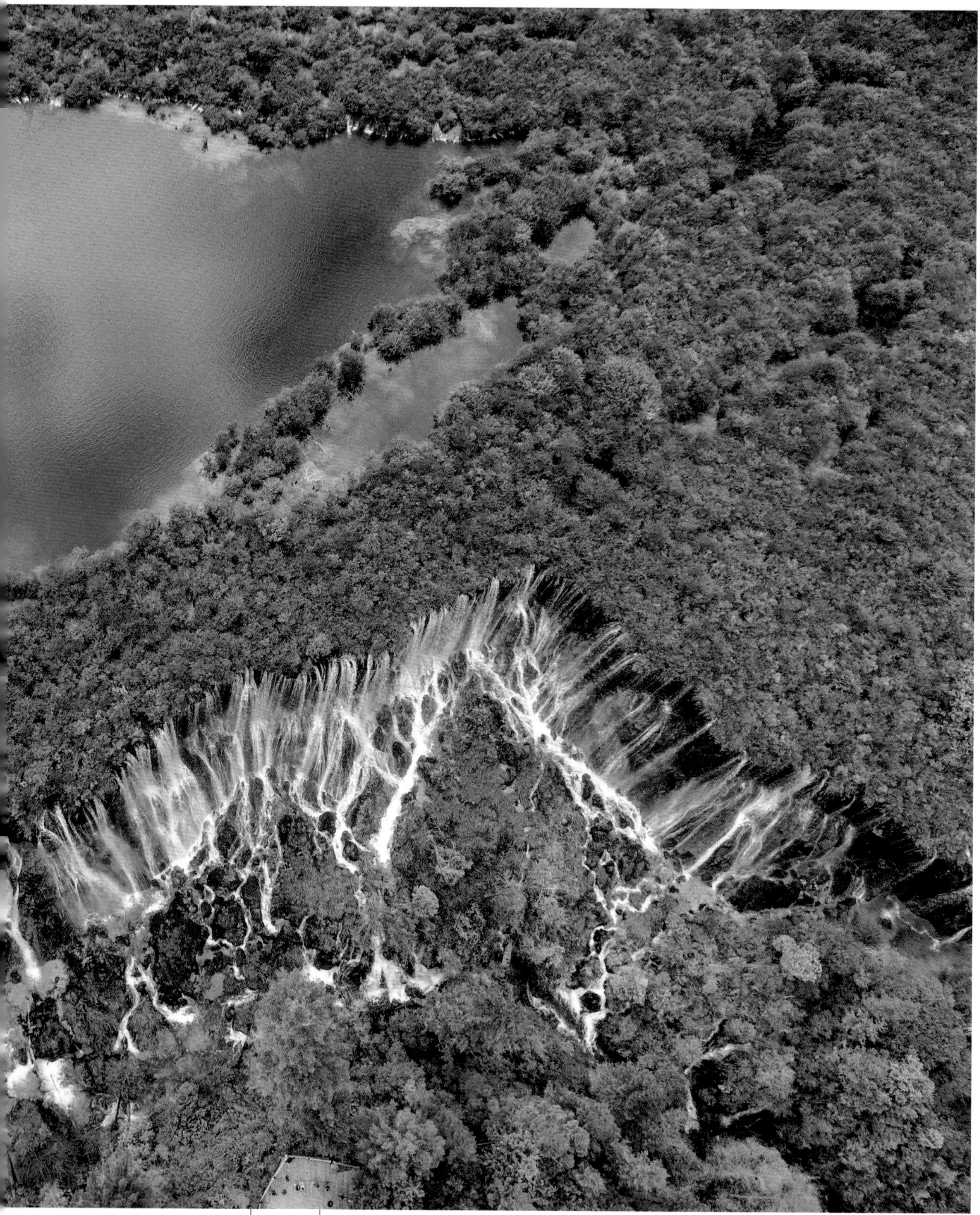

Chapter 14 | Jiuzhaigou Valley

水と緑が織りなす秘境の絶景

九寨溝

幅が広く雄大な諾日朗瀑布は、地震後、流れが二手に分かれた。

湖底まで見とおせる青く澄んだ水で、九寨溝を代表する美しい五花海。災害後は水が濁ったが、現在では戻っているという。

九寨溝

九寨溝は中国四川省北部の標高二〇〇〇から三一〇〇メートルの高地にある自然保護区で、一九九二年に自然遺産として世界遺産リストに登録された。この地域にチベット族の村が九つあることにちなみ、この名前がついた。

約六万ヘクタールにわたって山々が延々と連なり、豊かな原生林には珍しい草花が咲きみだれる。渓谷には百以上の湖沼や滝が棚田状に並び、岷山《みんざん》山脈から流れてきた澄んだ水がそれらをつなぐ。湖の底は真っ白な石灰成分が沈殿しているせいで透明度が非常に高く、湖面はエメラルド色に輝いている。大小の湖沼は天界の女神が地上に取り落とした宝鏡が散らばってできたという伝説が残っている。周囲にはパンダ、キンシコウ、クチジロジカなどの稀少動物が暮らすまるでおとぎ話のような世界だ。

火花海の湖面は普段は鏡のように静かだが、早朝や夕暮れ時に太陽の光が反射すると、さざ波がゆれて火花が散るように見えることからその名がついた。五彩池という湖は周囲の木や花や草や石の色を映し、風が吹くとそれらの色が混じり合う。五花海は湖の底に沈んでいる倒木まではっきり見えるほど水が澄んでいる、九寨溝で最も透明度の高い湖だ。

二〇一七年八月八日、九寨溝はマグニチュード七の地震に襲われた。山々は崩壊し、土石流が流入するなど一帯は甚大な被害に見舞われた。火花海の土手は決壊し、一日で湖水の大部分が流出し、白い湖底が露出してしまった。幅二七〇メートル、落差二〇メートルを超す諾日朗《ノリラン》の滝には長さ一六メートルの亀裂が生じ、滝の流れが二手に分かれてしまった。山崩れのせいで干上がった滝や、以前は細かった水流が激流となったりした。神話のような風景は傷だらけの姿になってしまった。

しかし中国の専門家からは人工的な復元はしない方がいいという意見が聞かれる。地震によって美しい自然景観

被災後の姿

被災直後、水を失った火花海。

が破壊されたことは残念だが、この景色自体、過去に起きた大地震の産物であることを忘れてはならない。人の手で修復したらそれは人工的な景観になってしまう。地震が起きたことで、新しい景観が生まれているという理由だ。

場所	四川省(中華人民共和国)
消滅した時期	2017年
原因	地震
ユネスコ世界遺産	1992年登録

Chapter 14 | Three Gorges

女神が棲む大河

長江三峡

現在よりも水位が低く、船の往来ものんびりしていた、1990年代の長江。

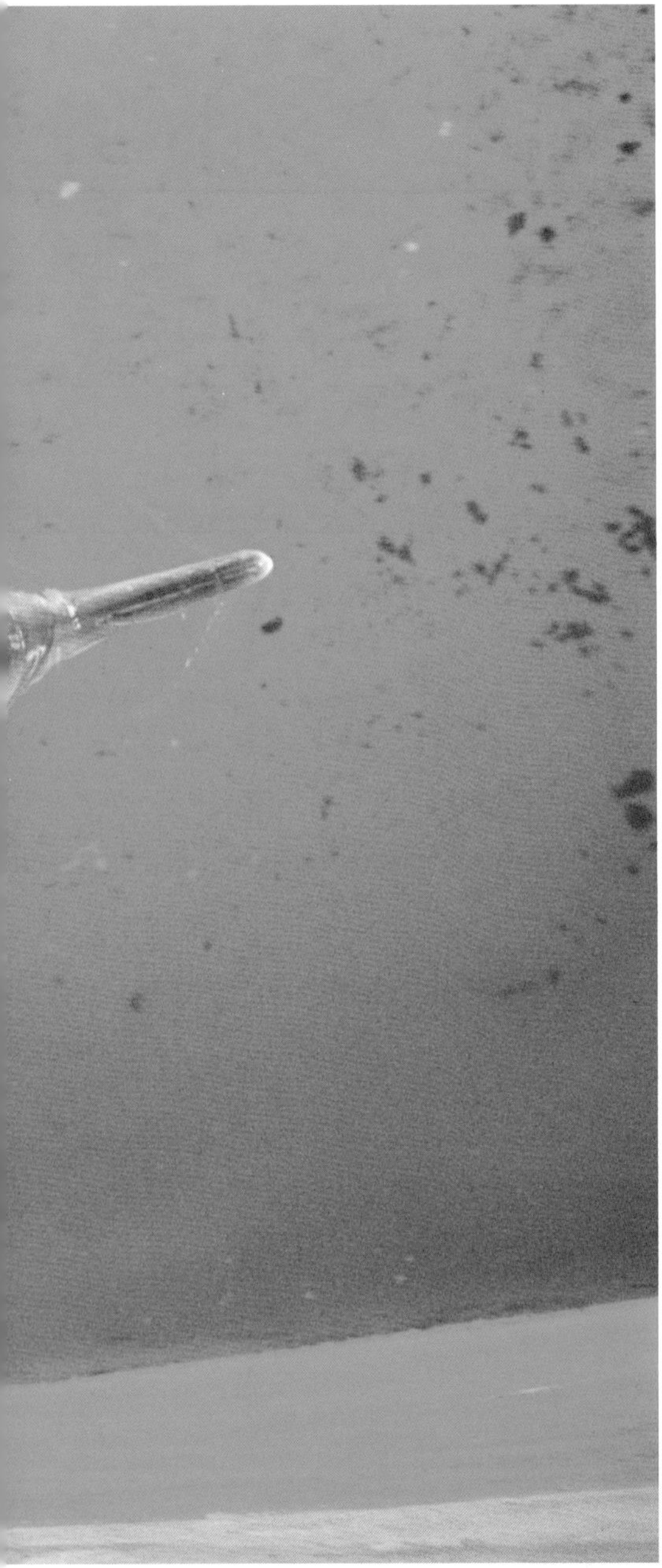

長江三峡

ヨウスコウカワイルカは約二〇〇〇万年前に太平洋から揚子江へ移動してきたとされる。古代から平和と繁栄の象徴であり、「長江女神」と崇められながら、長江の激しい流れの中で自由に暮らしてきた（中国最大の川、長江は中国国外では揚子江と呼ばれることが多いが、中国では揚子江は下流の揚州付近を指す）。

ヨウスコウイルカは白い小型の淡水イルカで体重は一三五キロから二三〇キロ程度、体長は最長で約二・五メートル。目はほとんど見えないが、高周波数の音を出してその反響から餌や障害物を察知する能力に長けている。大河でのんびり暮らしてきたイルカの故郷は、人間が行った開発によって生存不可能な場所となってしまった。

長江本流にある三つの峡谷「三峡」は雄大な景色が連続する景勝地で、昔から水墨画の題材に選ばれていた。今も中国内外の観光客を集めており、三峡を船で上り下りするクルーズは人気だ。

かつて長江にいた、ヨウスコウカワイルカ。

二〇〇九年、国家的事業である巨大な三峡ダムが長江三峡の下流に完成し、それ以来、三峡の環境や景観は著しく変化してしまった。長江の水位が上昇したため三峡の両側にそびえる山の中腹まで水に浸り、山は以前に比べて低く見えるようになった。いくつかの景勝地や遺跡は水没してしまった。長江流域一帯の生態系への影響も大きい。こうした変化によって最も致命的な被害を受けたのがヨウスコウカワイルカだった。

生物の生息個体数を見積もるのは容易ではないが、一九五〇年代の時点ではおよそ六〇〇〇頭のヨウスコウカワイルカがいたと推測される。しかしその後の五〇年間で急速に減少し、一九九〇年頃には二〇〇頭になった。本格的な調査が行われた一九九七年には一三頭にまで減少したと報告されている。クジラ類の中では最も深刻な絶滅の危機に直面した種だった。

一九九四年に三峡ダムの建設が始まって以来、長江の環境は著しく悪化した。水質汚染が進行しただけでなく川の水位が約二メートルも上がり、生態系を支えるプランクトンも減ってしまった。

船の交通量も増えた。ほとんど目が見えないヨウスコウカワイルカは餌探しも位置の確認もイルカ同志のコミュニケーションも高周波の音の反響に頼る。しかしおびただしい数の漁船が発する雑音によって感知能力が妨害され、衝突や事故が多発するようになった。また、ダムによって回遊が分断され、ヨウスコウカワイルカの生活環境は大きく変化してしまった。

一九九六年に国際自然保護連合（ＩＵＣＮ）はヨウスコウカワイルカを絶滅寸前種に分類したが、二〇〇六年末に行われた調査では一頭も確認することができなかった。もしその調査で確認できなかっただけだとしても、種が存続するために必要な個体数には満たないと調査団は結論づけた。事実上の絶滅が発表され、長江から女神の姿は消えてしまった。

ダム建設後の三峡

西陵峡のあたり。水が深い。

場所	重慶市／湖北省（中華人民共和国）
生物	ヨウスコウカワイルカ
消滅した時期	2002年以降の確認情報なし
原因	ダムの建設

Chapter 16 | *Hachirogata*

日本で二番目に大きい豊かな汽水湖

八郎潟

日本で二番目に大きな汽水湖。秋には潟船が湖上を進む光景が見られた。

八郎潟

八郎潟の北西部を写した1948年(右)と1967年(左)の航空写真で比較。写真の潟部分のほとんどが埋め立てられている。

地質学的に見ると八郎潟《はちろうがた》は以下のようにして出来上がった湖だ。まだ寒風《かんぷう》山《ざん》が沖合に浮かぶ島だった頃、本州の二本の川がこの島に向けて土砂を運んでいった。この土砂が堆積して二本の砂州ができ、それぞれが寒風山まで伸びて男鹿《おが》半島が形成された。二本の砂州の間に残った海跡湖が八郎潟である。東西一二キロ、南北二七キロ、周囲八二キロ、面積は二二〇平方キロ。干拓によってその大部分が埋め立てられるまで、八郎潟は琵琶湖に次ぐ日本第2の湖だった。

八郎潟は海水と淡水が入り混じる汽水湖で、シジミ、カレイ、ボラなど七〇種以上の魚介類が生息する豊かな漁場として知られていた。沈水植物の種類も豊富で、これらは肥料、家屋の雪囲い、布団の綿の代わりに使われていた。春から秋には白い帆を張った「潟《かた》

八郎潟

船《ぶね》」が、冬には厚い氷に穴をあけてワカサギを釣る氷下《こおりした》漁業が風物詩となっていた。

八郎潟は水深が浅いので江戸時代から小規模の干拓は行われていた。明治時代と大正時代に米の生産量を増やすため八郎潟を干拓する案が持ち上がったが、どれも実現には至らなかった。

第二次世界大戦後、再び八郎潟の干拓計画が浮上した。戦後の食糧難を解消するため国の事業として農地、特に水田を増やす計画が進められた。また、働き口のない農家の次男や三男が増加していて、彼らの就労先を確保する目的もあった。干拓の先進国であるオランダから技術協力を受け、昭和三二年五月一日、八郎潟干拓事業が着工した。八郎潟を希望の大地へと変える大計画だった。

「世紀の干拓」といわれたこの事業は、二〇年の歳月と約八五二億円の費用を投じて昭和五二年に完成し、約一万七〇〇〇ヘクタールの干拓地が造成された。

干拓地に新たに誕生することになった大潟村への入植者は全国各地の希望者の中から選抜された。昭和四二年に第一次入植者が家族と共に大潟村に入植し、最終的に全国三八の都道府県から五八九戸が入植した。

しかし、この間、農業を取り巻く環境や社会情勢に大きな変化が起きていた。昭和四〇年代に入ると米の生産量が消費量を上回るようになり、米の増産は優先課題ではなくなっていた。政府は昭和四五年に米の生産調整（減反政策）を開始した。また、高度経済成長のおかげで都市の労働者需要が増え、農家の次男・三男問題は以前のように深刻ではなくなった。

大潟村への入植者公募は昭和四八年を最後に打ち切られた。干拓工事は成功したものの、目的だった米づくりが制限されるというちぐはぐな結果を生んでしまったという意見もある。魚介類や藻類や水生植物が豊かだった湖の面積が大幅に縮小し、沿岸の湿地が失われたことを嘆く向きもある。漁業は八郎潟調整池だけで可能となり、淡水化によってシジミの収量は減少している。

現在の八郎潟

干拓され、耕作地で埋められた八郎潟。2012年撮影。

場所	秋田県（日本）
消滅した時期	1950〜1970年代
原因	干拓

ハゼ釣りに集まった人でにぎわう東雲海岸。1961年。

Chapter 17 | Tidal flats in Tokyo Bay

江戸の暮らしを支えた干潟

東京湾の干潟

東京湾の干潟

かつて千葉県の富津《ふっつ》から神奈川の金沢文庫まで、東京湾に沿って広大な干潟が続いていた。潮が引いた時は幅が四キロもあったそうだ。

干潟は豊かな生物を育むだけでなく、自然環境に対して重要な役割を果たす。干潟には川の上流や下水から流れてきた有機物、窒素、リンが堆積しやすいが、干潟に生息するバクテリアがこれらを分解し、バクテリアは植物プランクトンに捕食され、さらに二枚貝などがプランクトンを餌にするといった過程を経て水質は浄化される。また干潟は波のエネルギーを弱める働きがあり、優れた防災機能を持っている。

上質の海苔や佃煮が江戸の名物となったのも、寿司やてんぷらが〝江戸前〟というブランド力を持つようになったのも、干潟のおかげで魚介類が豊富に手に入ったからなのだ。江戸の町民の暮らしは干潟と密接な関わりを持ち、その姿は歌川広重を始め多くの浮世絵に描かれている。

江戸時代から河口域周辺で小規模の埋め立てが行われていたものの、ほとんどの干潟は戦前まで自然のままの姿で残っていた。しかし一九六〇年代前半（昭和三十年代後半）に始まった高度成長期以降、大規模な埋め立て事業が開始された。海岸線に沿って京浜工業地帯と京葉工業地帯が発展し、コンビナートや発電所が建設され、これに伴って大規模な住宅地や商用地が現れた。干潟があったところは人工構造物で埋めつくされるようになった。環境省によると明治後期に一三六平方キロあった東京湾の干潟は一九八三年（昭和五八年）には一〇平方キロにまで減少した。

かろうじて残された千葉県の谷津干潟、東京都の葛西干潟は、ラムサール条約の登録湿地となっている。

東京湾の現在

埋め立てられ、開発された京葉工業地帯。

場所	東京湾（日本）
消滅した時期	1960年代〜1980年代
原因	埋め立て・都市開発

Chapter 18 | Tropical Rainforest of Sumatra

手つかずだった島の密林

スマトラ島の熱帯雨林

手つかずの自然が多く残り、世界遺産に指定され保護されている場所も多い。

スマトラ島の熱帯雨林

スマトラは熱帯雨林に覆われた島で、近年までその大部分が人間の手が加わらない自然の姿で残っていた。一万五〇〇〇種以上の植物、二〇一種の哺乳類、五八〇種の鳥類が生息する野生生物の宝庫でもある。しかし一九八〇年頃からこの森林の面積が著しく減少しいている。一九八五年には島の面積の五八パーセント（二五三〇万ヘクタール）あったが、二〇一六年には島の面積の二一パーセント（一〇四〇万ヘクタール）にまで減少した。過去三〇年間で半分以上の熱帯雨林が失われたのだ。

特にリアウ州の森林破壊が著しく、違法伐採も後を絶たない。一九九〇年から二〇一二年の間にリアウ州の自然林は四〇〇万ヘクタール近く失われ、残るは二二パーセント相当のわずか二〇〇万ヘクタール強だけとなったという報告もある。

この背景にあるのが製紙産業とパーム油産業だ。プランテーション（大規模

農園）を造営するために森林を皆伐してしまう。裸になった土地に紙の原料となるアカシアやユーカリ、パーム油を取るためのアブラヤシが延々と植えられる。一見すると緑が豊かに見えるが、プランテーションには単一の樹種が大規模に植わっているだけで、多種な動植物が生息する熱帯雨林とは環境が全く異なる。

島固有のスマトラオランウータン、スマトラトラ、スマトラゾウ、スマトラサイのどれもが絶滅危惧種に指定されている。原因は彼らの住処である森林がなくなったことだ。木が減ったことで密猟が行いやすくなり、そのために殺される野生生物が増えている。

マレー語で「森の住人」を意味するオランウータンはほとんど樹上で暮らし、木の実などを食べ、木の上で眠り、めったに地上に降りてくることはない。雄の行動範囲は二五平方キロ以上といわれるが、木から木へと移動するので、樹木が伐採されることは彼らの生活圏が寸断されることを意味する。森林に完全に頼って生きている彼らは、森林が破壊されたら生きていくことができないのだ。

プランテーション開発は別の問題も引き起こす。スマトラの熱帯雨林の一部は泥炭湿地帯にあり、そこには多量の二酸化炭素が貯蔵されている。プランテーション開発にあたっては木を伐採しやすくするために湿地の排水を行うが、泥炭土壌が空気に触れると泥炭は分解し、大量の温室効果ガスが排出される。

また泥炭は乾燥すると燃えやすく、火災の原因となる。一度火災が起きると、何週間も何カ月も広大な面積の厚い泥炭層が燃え続くことがある。これはスマトラで大きな問題となっている。

スマトラ島は二〇〇四年に「スマトラの熱帯雨林遺産」として世界遺産リストに登録されたが、密猟、違法伐採、農地の拡大などを背景に二〇一一年に危機遺産リストに加えられた。

プランテーションと化した熱帯雨林

アブラヤシのプランテーション。

場所	スマトラ島(インドネシア)
消滅した時期	危機に瀕している
原因	開発・森林伐採
ユネスコ世界遺産	2004年登録(2011年に危機遺産)

Chapter 19 | *The Sundarbans*

トラの楽園、世界最大のマングローブ林

シュンドルボン

広大なデルタ地帯に広がる
マングローブ林。

シュンドルボン

ガンジス川、ブラマプトラ川、メグナ川の大河が合流してベンガル湾に注ぐ下流域は広大なデルタ地帯となっており、そこには世界最大のマングローブ密生林が広がっている。バングラデシュとインドにまたがる森林の総面積は一〇〇万ヘクタール（一万平方キロメートル）に及ぶ。この地域のバングラデシュ側の呼称シュンドルボンはベンガル語で「美しい森」を意味する。

デルタ地帯はヒマラヤ山脈から流れるガンジス川とブラマプトラ川が数百万年もの間、大量の土砂を運び続けたことで形成された。デルタ地帯では数千の分流や水路が網目状に絡み合い、海水と淡水が混じり合う汽水域が広がる。この環境がマングローブの密林を育むことになったのだ。マングローブは厚く堆積した底泥にしっかりと根を貼り、土砂の流出を食い止め地形を守ってきた。サイクロンが多数発生するこの地方で天然の防波堤の役目も果たしてきた。

湿地帯の川を渡るベンガルトラ。

しかし近年、地球温暖化が原因とされる海面上昇の影響でシュンドルボンの面積は急激に縮小している。マングローブ林の浸食も始まっている。また海面上昇に加えて川の水量が減少したことにより、水中の塩分濃度が増し、木々が枯れる現象も起きている。

シュンドルボンにはイノシシ、サル、シカ、ヤマネコ、ベンガルトラをはじめとする四二種の哺乳類、二九〇種の鳥類、一二〇種の魚類など数多くの生き物が生息する。森の面積の縮小はそこに棲む生き物の生存を危うくする。バングラデシュ側では二〇〇四年から二〇一五年の間、ベンガルトラの生息数が四四〇頭から一〇六頭まで減ってしまった。生息地を追われたトラが人の住む集落に入り込んで人を襲うこともある。

このまま海面の上昇が続いたらバングラデシュ側では今世紀中にベンガルトラの生息地の九六パーセントが失われる可能性がある。二〇七〇年までにベンガルトラはシュンドルボンから完全に姿を消してしまうと警鐘を鳴らす研究者もいる。地球温暖化がマングローブ林の消滅を招き、ひいてはベンガルトラを絶滅に追い込むという負の連鎖が生じかねないのだ。

加えて、シュンドルボンの上流には経済発展著しいバングラデシュとインドにエネルギーを供給する石炭火力発電所の建設計画が進められている。二〇一九年の世界遺産委員会では、シュンドルボンを危機遺産リストに掲載すべきかどうかの議論が行われた。

場所	シュンドルボン（バングラデシュ）
消滅した時期	危機に瀕している
原因	海面上昇
ユネスコ世界遺産	1997年登録

Chapter 20 | Rice Terraces of the Philippine Cordilleras

天国へのぼる棚田

イフガオ州の棚田

世界遺産にも登録されている、バナウェの見事な棚田。

イフガオ州の棚田

フィリピンのルソン島北部にあるコルディエラ山脈は標高が二〇〇〇メートルを越える。ここに二〇〇〇年以上前に山岳民族のイフガオ族によって作られたといわれる棚田群がある。この棚田群は世界最大規模の棚田であるとされ、一九九五年に世界文化遺産に登録された。

その中でもバナウェの棚田は見事だ。棚田の一番下から最上部まで一五〇〇メートルもある。総面積は二万ヘクタール、猪苗代湖のおよそ二倍ととてつもなく大きい。人間が自然に寄り添って作り上げた壮大な風景だ。この棚田はその昔イフガオの人々が神への捧げものとして作ったとされ、今日に至るまでその文化とともに守り継がれてきた。今は「天国への階段」として世界中に知られるようになった。

しかし近年、若者たちが都会へ働きに出る傾向が強まり、人手不足のため棚田は荒廃し始めている。棚田を保つには常に手入れが必要なのだ。また山頂の森は滋養豊かな水の供給源として大事に守られてきたが、現金を得る目的で頻繁に伐採されるようになった。森は荒廃し、水をせき止める機能を失い、大雨によって棚田が崩れる事態も生じている。こうした状況のもとにコルディエラ山脈の棚田群は二〇〇一年には危機遺産リストに加えられた。

危機に直面した人々は、長老たちを中心に、昔からイフガオにつたわる教えに沿って森に苗木を植え始めた。努力が実って棚田の荒廃は食い止められ、伝統的な農法による棚田の復活も図られたとして、二〇一二年にユネスコ危機遺産リストから解除された。

しかし別の問題が浮上している。おそらく外来植物とともにも侵入した大型ミミズが棚田の畦《あせ》に穴を開けてしまうのだ。田んぼは穴だらけになって水は漏れ、畦の土が緩んで崩れてしまう被害が続出している。外来種のミミズはときに農業や森林植生に大きな被害をもたらすことがあるのだ。

荒れ果てた棚田

ミミズの害で放棄された棚田。

場所	ルソン島コルディエラ地域（フィリピン）
消滅した時期	現在も危機に瀕している
原因	後継者不足・外来種
ユネスコ世界遺産	1995年登録

Chapter 21 | Chitwan National Park

トラをめぐる事情

チトワン国立公園

チトワン国立公園で保護に力を入れているベンガルトラは、頭数が回復してきている。

手つかずの自然が多く残り、
世界遺産に指定され保護
されている場所も多い。

チトワン
国立公園

トラはネコ科最大の動物だ。二〇世紀初頭には世界で野生のトラが十万頭、もしくは数十万頭いたと考えられている。しかし森林破壊による生息地の縮小や密猟によってその数は激減してしまった。近年ではその数は三〇〇〇頭以下にまで落ち込んだとされる。かつては八亜種が生存したが、二〇世紀中にインドネシアのバリトラや、中東から中央アジアに生息していたカスピトラなど三亜種が絶滅した。

トラは毛皮や壁掛け、絨毯などに使われ、地位や権力の象徴として求められる傾向が強い。漢方薬に使うためにトラの骨の需要も後を絶たない。トラを使った商品の売買はほとんどの国で禁じられているが、密猟や闇取引はいまだに横行している。

二〇一〇年、トラが生息する一三の国のリーダーがロシアに集まって「トラサミット」が開催された。そこで次の寅《とら》年である二〇二二年までに野生のトラの数を倍増させる計画が発表された。当時世界に三二〇〇頭いるとされたトラの数を六四〇〇頭に増やそうというものだ。

この時点でネパールには一二一頭のベンガルトラがいると推測されていたので、目標は二四二頭となる。六年後の二〇一六年、政府はトラの数が一九八頭に達したと発表、二〇一八年にはその数は二三五に増えた。二〇二二年までにトラの生息数を倍増させるという目標は、前倒しでほぼ達成できたのだ。ネパールは目標の達成を見込める最初の国となった。

中央ネパールの南部にあるチトワン国立公園はジャングルを保護する目的で開設された自然保護公園で、一九七三年の開設当時からトラの保護に力を入れてきた。国のほとんどのベンガルトラがここに生息する。トラが生息するための環境は整っているものの密猟は行われていたので、トラサミット以降、その対策として行政と地域住民が協力してパトロールを強化した。これ

チトワン国立公園には同じく絶滅の危機にあるインドサイなども生息している。

が成果を上げたのだ。

トラの数が順調に回復してきたことで次の課題が見えてきた。公園内の道路、鉄道、水路などのインフラ整備がトラの生息範囲を狭めたり、分断したりしていることだ。さらに、ベンガルトラの行動範囲は広く、チトワン国立公園内だけで対策を取っていても十分でない。また生息数を増やすと、環境収容力を超えてしまう可能性もある。

依然としてトラは絶滅危惧種だが、明るい兆しはある。トラサミットに参加した国々が順調に活動を続け、世界の野生のトラの頭数は二〇一〇年の三二〇〇頭から二〇一六年には三八九〇頭に増えた。世界のトラの頭数が増加したのは一〇〇余年ぶりだ。

場所	チトワン国立公園(ネパール)
消滅した時期	回復の努力を続けている
原因	生息地の減少・密猟
ユネスコ世界遺産	1984年登録

iv

アメリカ・オセアニア・南極

Chapter 22 | Slims River

たった四日間で消滅した大河

スリムズ川

2016年5月25日までは、このような光景だった。

スリムズ川

二〇一六年五月末、カナダの大河一本が、突然姿を消してしまった。幅一五〇メートルもある川は完全に干上がり、川底が残されるだけとなった。いったい何が起きたのだろうか？

カナダで最も大きい氷河の一つであるカスカウルス氷河から解け出した水はスリムズ川という大河に流れ、クルエーン湖とユーコン川を経てベーリング海に注いでいた。このスリムズ川が消えたのは二〇一六年五月二六日から二九日にかけて、たったの四日間の出来事だった。

原因はその年の春、カスカウルス氷河の後退が急激に加速したことにある。一九五六年から二〇〇七年の間、カスカウルス氷河は六〇〇メートルほど後退していたが二〇一六年の春にスピードが急激に増したのだ。大量の氷が解け、解け出した水は氷原に新しい流路を刻んだ。この流路がスリムズ川の南にあるアルセック川の支流に達し、その勾配が急だったため、水は一気にアルセック川に迂回してしまったのだ。それまでも融解水はアルセック川に注いでいたが、スリムズ川に流れる量のほうが圧倒的に多かった。

この時以来、スリムズ川はちょろちょろ流れる川になり、反対にアルセック川の水かさは六〇倍から七〇倍になった。今ではカスカウルス氷河の融解水はベーリング海ではなく、アラスカ湾に注ぐことになったのだ。

このようになんらかの原因で河川の流路を別の河川が奪う現象を河川争奪という。氷河の溶解が河川争奪の原因となった事例は地質学的記録に残っている。しかしそれは大昔のことであり、二一世紀に起きたことに地質学者たちは驚いている。

これほどわずかな時間に川の流れが劇的に変わってしまうのは一般的な自然現象であるとは考えにくい。人間の活動が引き起こす気候変動が原因として有力視されている。地球の気温上昇が一定の閾値を越えてしまうと急激で

水が消えた川

極端な変化が起きる可能性を示している。地球温暖化は地形をも一変させかねないのだ。

スリムズ川周辺には以前のような澄んだ空気はもうない。代わりに強い風が川底から埃を巻き上げている。ユーコン州最大の湖であるクルエーン湖の縮小も予想されている。

たった4日で水が消えた。

場所	ユーコン準州スリムズ川（カナダ）
消滅した時期	2016年
原因	河川争奪

Chapter 23 ｜ Hetch Hetchy Valley

ダム湖に眠る美しい渓谷

ヘッチヘッチー渓谷

1911年頃に撮影された、ヘッチヘッチー渓谷の豊かな自然。

ヘッチヘッチー渓谷

一九〇六年、サンフランシスコは大地震に見舞われた。市のインフラのほとんどが破壊され、深刻な水不足に陥った。この大都会のために安定した水供給を確保するダムを造ることが喫緊の課題となり、二六九キロ東にあるヨセミテ国立公園北部にあるヘッチヘッチー渓谷が候補に上がった。

ヘッチヘッチー渓谷はヨセミテ渓谷と美しさを競う渓谷だ。ここは六〇〇〇年もの間、ネイティブアメリカンの人々が狩猟採集を行っていた場所だ。ここに定住していた人々に混じって、夏の間だけ西にあるセントラルバレーやグレートベースンの酷暑を逃れてここで過ごすグループがいた。冬に備えて猟をしたり、草を採取したり、低地には育たない薬草などを集めていた。

また谷の牧草地に森の木々が侵入しすぎないよう周期的に山火事を起こし、必要とする草や低木を育て、鹿など狩猟用の動物が生息するスペースを確保していた。ヨーロッパ人がこの美しい風景を初めて見たとき、これは天然の風景だと信じたそうだ。実際はネイティブアメリカンの人々が数千年かけて管理し、築き上げた環境であることに気づかなかったのだ。

この渓谷はダムを造るのに申し分のない条件を備えていた。まず両斜面が急傾斜で、谷底は平坦だ。渓谷の出口は狭くダムを設置する場所として理想的だ。清らかな水も豊富にある。加えて個人所有の土地ではなく、開発計画もない。「ここにダム湖ができればこの景色はさらに美しくなる」とダムの提案者たちは胸を張って主張した。

このダム建設の是非をめぐるヘッチヘッチー論争は、推進派と自然保護派の間で大論争に発展した。国を二分した論争は一〇年も続き、最終的に国会の票決により推進派が勝った。

ヘッチヘッチー渓谷にできたオーシヨネシー・ダムは一九二三年に完成。ダム湖に水が入り、ヘッチヘッチー渓谷はその一〇〇メートル下に没してしまった。以後、豊かな牧草地やグリーンオークの林、花崗岩の谷間を流れるチュオラム川を二度と目にすることはできなくなった。

ヘッチヘッチー渓谷の現在

豊かな自然は、オーショネシー・ダムに沈んだ。

場所	ヘッチヘッチー渓谷（米国）
消滅した時期	1919年
原因	ダム建設

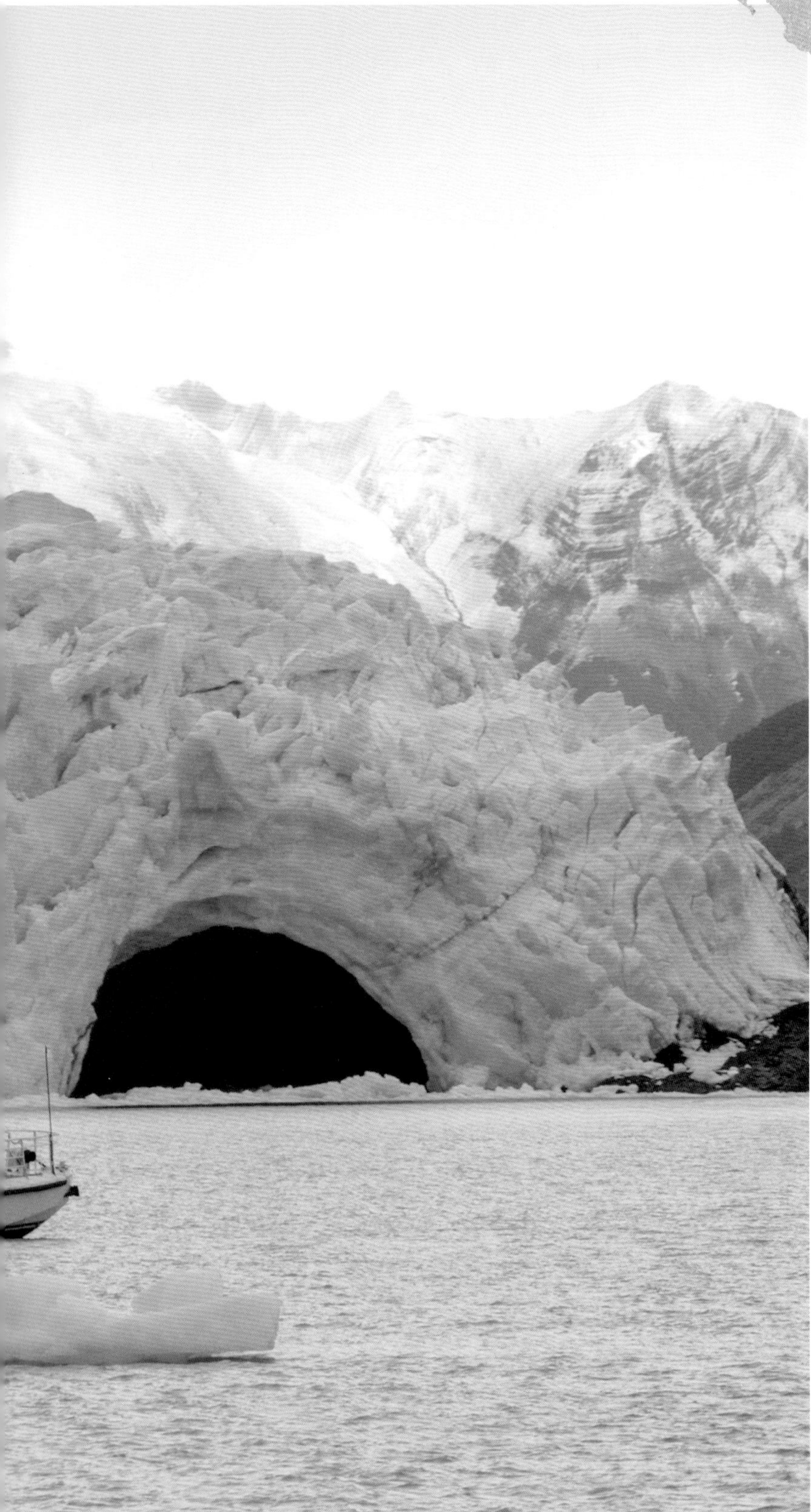

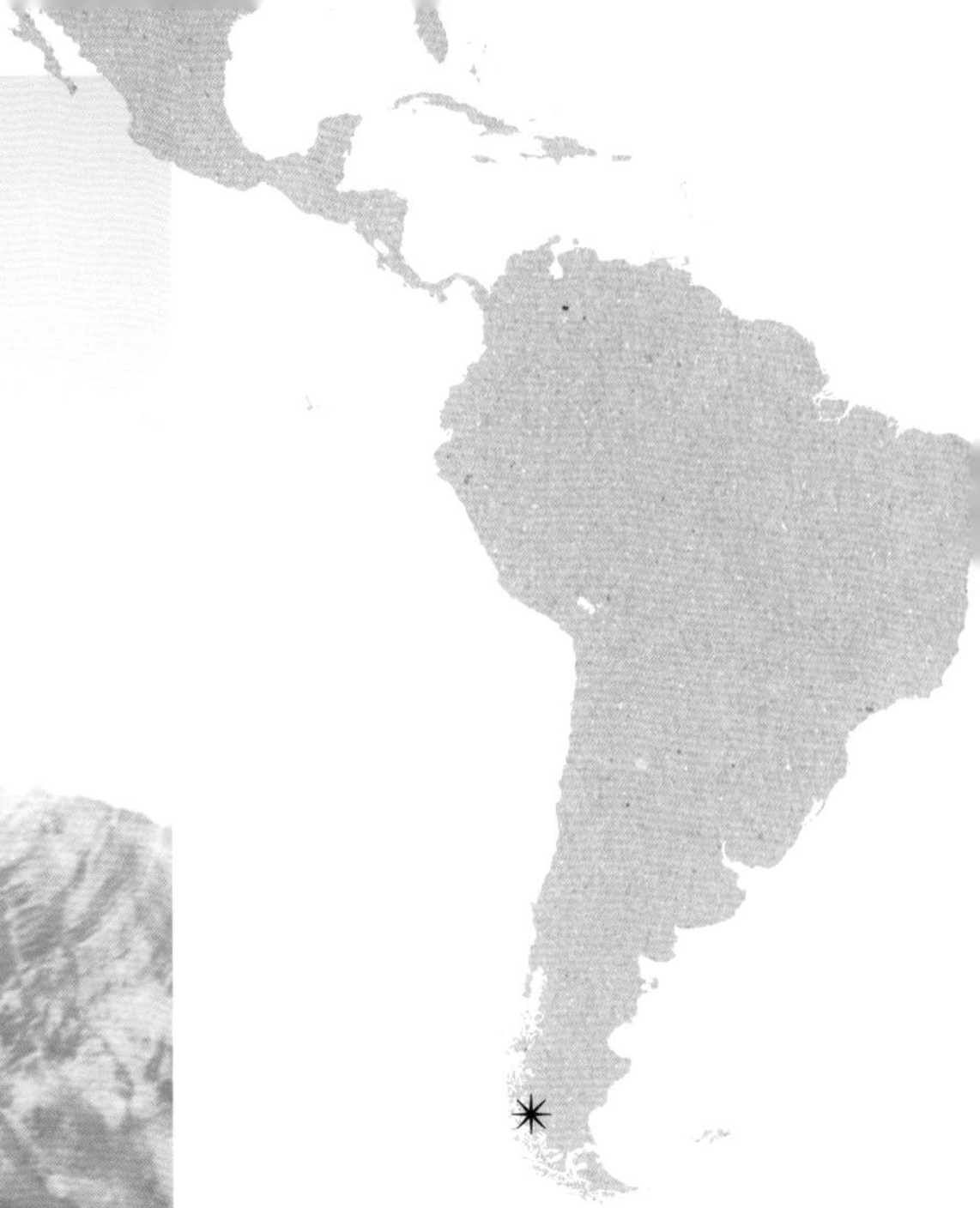

Chapter 24 | Perito Moreno Glacier

氷のアーチが崩れるとき

ペリト・モレノ氷河

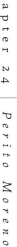

押し出されてきた氷河がアーチになっている。

ペリト・モレノ氷河

アルゼンチンとチリにまたがる南米のアンデス山脈のいただきにパタゴニア氷原が広がっている。南と北パタゴニア氷原を合わせると面積は一万七〇〇〇平方キロ以上に及び、南極とグリーンランドに次ぐ地球上三番目に大きな氷床だ。ここから八〇の大きな氷河が東西南北に流出している。

その中でもロス・グラシアレス国立公園（一九八一年に自然遺産に指定）にあるペリト・モレノ氷河は数年に一度、アーチを形成した末端の部分が轟音を立てながらアルヘンティーノ湖に崩れ落ちることで有名な氷河だ。

ペリト・モレノ氷河のアーチが周期的にアーチを形成し崩壊する理由はこうだ。この氷河はアルヘンティーノ湖に向かって山の斜面を常にゆっくりと降りている。氷河が湖と接触する地点では対岸には岬が突き出ていて、氷河は湖に落下しながら対岸の岬にまで達する。氷河は湖を分断する氷の壁となる。その後、湖の流れがこの壁に穴を

開け始め、次第にアーチが形成される。やがてアーチの穴は大きくなり、アーチを支えられなくなる。そしてアーチは一気に崩壊するのだ。

崩れる前、水面からアーチのてっぺんまでの高さは約七〇メートル（一五〜二五階建てのビルに相当）、全長は二五〇メートルもある。白い水煙をあげながら巨大な氷のアーチが崩れる風景は大変な迫力があり、これを船で見物するツアーが催行されるほどだ。しかし、氷のアーチは必ずしも昼間に崩れるとは限らない。二〇一八年、このスペクタクルを見ようと数千人の観光客が集まっていたが、崩壊したのは夜中だった。

崩れた後も氷河は前進し続けるので、数年後には再びアーチが形成され崩れるときがくる。したがってアーチが崩れる瞬間を目撃するチャンスは再び巡ってくる。アーチは二年から四年おきに崩れることが多いが、一九八八年から二〇〇四年までの一六年も崩れなかった例もある。

場所	ペリト・モレノ氷河（アルゼンチン）
消滅した時期	不定期
原因	氷河に押し出されて

Chapter 25 | Guam rail

グアムの日常にいた鳥

✳ グアムクイナ

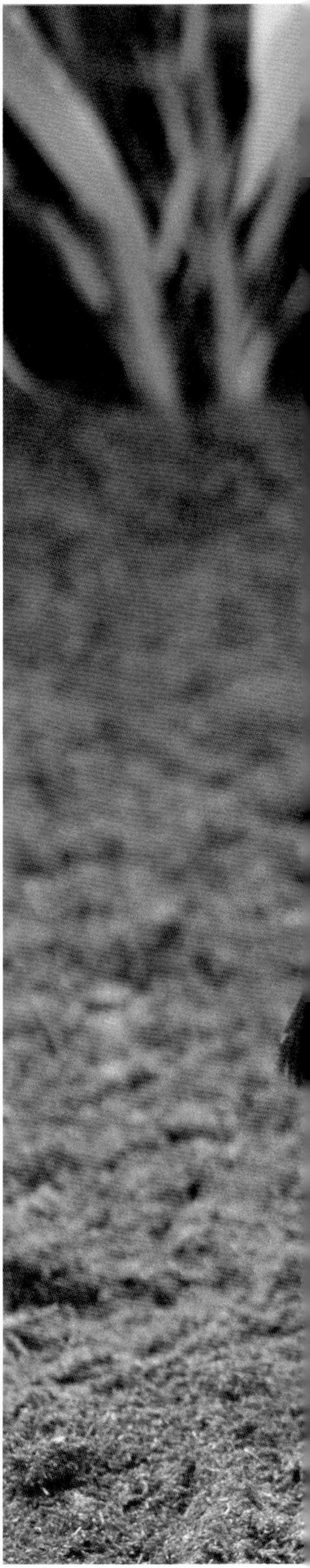

かつてはありふれた鳥だった
グアムクイナ。

グアムクイナ

グアム固有のグアムクイナはとりたてて目立つ鳥ではない。体長は約三〇センチ、体重が三〇〇グラム程度。頭と首は茶色で、目のあたりにグレーの縞模様がある。体は赤褐色系の羽衣で覆われ、白や淡い黄褐色の細い縞模様が入っている。

低木や雑木林に生息するが、目を凝らしても彼らの姿はなかなか見つけることができない。周囲の環境にすっかり溶け込んでいるからだ。素早く、音を立てずに茂みをかけぬけていく。地味な姿と反対に鳴き声は笛のように甲高く、数羽が同時に鳴き続けることも多い。

餌である腹足類、トカゲ類、ヤモリ、カタツムリ、昆虫、種子やヤシの葉はふんだんにあったし、ヘビやノネズミなど手強い敵もそれほどいなかった。恵まれた環境で暮らすうちに敵から身を守る能力は衰退し、羽も小さく退化して飛べない鳥となってしまった。

それでもグアムクイナに不都合はなかったようで、おおいに繁殖していたことがそれを物語っている。人家の周りでもよく見かけられ、食用に捕獲することもあったそうだ。一九六〇年代以前にはグアム島全土で七万羽いたと言われている。

第二次世界大戦後、パプアニューギニアからミナミオオガシラというヘビがグアム島に入り込む。軍用船や軍用機に紛れて運び込まれたと推測されている。一九六〇年代にミナミオオガシラの数は急激に増え、クイナのテリトリーである茂みに住み着いた。

有能な夜行性のハンターであるミナミオオガシラにとって飛ぶことができないクイナは格好の餌食だった。またたくまに数はどんどん減っていった。クイナ同様他のグアム土着の鳥類も急激に減ってしまい、四〇年も経たないうち生き残ったのはグアムクイナとズアカショウビンだけで、その数も合わせて五〇羽ほどという有様となった。最後に野生のグアムクイナが目撃され

かつてはグアムクイナが当たり前に生息していた。

たのは一九八七年のことだ。

一九八四年、アメリカ合衆国魚類野生生物局はグアムクイナを絶滅危惧種のリストに加え、生き残っているグアムクイナをグアムの北東六〇キロメートルほどと近いロタ島に送った。一九九八年にはミナミオオガシラを駆除したグアム島北部に、二〇一一年にはノネズミを駆除したココス島にも送った。これらの島での生息環境はグアムとほとんど同じで、数は順調に増え続けているとのことだ。

ただ人為的に野外に放たれたグアムクイナは人間が管理する環境の中で守られ、餌も与えられているので、自立生存できているわけではない。したがって国際自然保護連合（ＩＵＣＮ）は野生絶滅種とみなしている。

生物	グアムクイナ
消滅した時期	1987年頃 野生種絶滅
原因	外来種

薄く水が張る雨期は天地の境があいまいになり、
幻想的な光景が現れる

Chapter 26 | *Uyuni Salt Flat*

天上世界のような絶景

ウユニ塩原

乾期には昔から塩が採取され、
利用されてきた。

ウユニ塩原

ボリビア西部の標高約三七〇〇メートルの高所に広がるウユニ塩原は世界最大の塩原だ。ここには雪原のように真っ白な塩の大地が果てしなく続く。高低差がほとんどなく、世界で最も平坦な土地としても知られている。彼方にアンデスの峰々がそびえるこの不思議な風景はほぼ一万平方メートルに及ぶ。四国の半分以上に匹敵する広さだ。ウユニ塩原は数百万年前アンデス山脈が海底から隆起した際、海水も一緒に持ち上げられて形成された。

乾季には五角形や六角形の亀の甲羅のような模様が大地を覆い、雨季になると塩原全体は一〇センチ程度の水に覆われ、浅い湖となる。このためウユニ塩湖と呼ばれることもある。水が張ると湖面全体が空を映す鏡となり、「天空の水鏡」と呼ばれる神秘的な現象が起きる。塩原の中央には高さ一二メートルある巨大なサボテンが密集するインカワシ島があり、幻想的な雰囲気を盛り立てている。ウユニ塩原が豊かな水をたたえていた時代、インカワシ島は孤島だったそうだ。

ここは昔から人々に恐れられた土地だった。塩原に迷い込んだら喉の渇きで死ぬか、あるいは家畜のリャマのひづめが塩で傷ついて出られなくなると言い伝えられてきた。人を寄せ付けない土地だが、周辺の住民は代々、塩を採掘して生計を立てていた。一九八〇年代からはこの風景を売り物に観光開発が進んだ。塩のブロックで作ったホテルが建てられるなど観光ブームは今も続いている。

しかしウユニ塩原には塩や観光よりも莫大な利益をもたらす別の資源がある。リチウムだ。塩原の地下には世界のリチウム埋蔵量の一七パーセントが眠っていると推定される。リチウムは鉱石だけでなく、塩原の地下に閉じ込められた塩水「かん水」からも回収されるのだ。コンピューターや携帯電話などの電子器具に不可欠な材料であり、電気自動車の普及に伴いその需要に拍

リチウム生産に向けた開発

リチウム生産のため、試験的につくられた蒸発池。

車がかかることは間違いない。

ボリビア政府は塩原の開発を経済発展の主柱に掲げ、貧困率が四割に達する自国の経済を救う産業だとしている。しかしこの開発計画が成功するか、その恩恵は国民の末端にまでいきわたるのか、それらは未知数だ。大規模な採掘が行われればウユニ塩原の壮麗な景観が損なわれてしまうことだけはほぼ確実だ。

場所	ウユニ塩原（ボリビア）
消滅した時期	これから変わる可能性がある
原因	資源開発

Chapter 27 | The Twelve Apostles

荒波に佇む使徒たち

トゥエルブ・アポストルズ

岩の並ぶようすから、新約聖書の12
人の使徒にちなんだ名前が付いた。

トゥエルブ・アポストルズ

オーストラリアの南西部、ビクトリア州の海岸線に沿ってトゥエルブ・アポストルズと呼ばれる柱のような岩が海に並んでいる。「トゥエルブ・アポストルズ」とはキリストの一二人の使徒を意味するが、一二本の柱があるわけではない。現時点では使徒の数は七だ。

南極海に面したここ一帯は国立公園に指定される風光明媚な場所だ。地上ではバードウォッチングやクジラの観察、海に潜れば海中の渓谷や岩礁など素晴らしい景色を見ることができる人気の観光スポットだ。

これらの岩の柱は崖が海に細長く突き出た個所に誕生する。海岸の崖は柔らかい石灰岩でできているので侵食されやすく、崖の横腹の特に脆い部分がまず削り取られ、やがて貫通して崖に穴があく。穴は次第に広がり、崖はアーチ状となる。侵食が進むにつれアーチが崩れ、残ったアーチの柱の部分が崖から切り離されて海の中に立つ形となる。こうした理由からこれらの岩は海食柱と呼ばれる。

今残っている最も高い岩は四五メートルある。岩の根元も年間二センチから三センチ削られ続けているので、いつかは崩れ落ちる運命にある。二〇〇五年七月三日には五〇メートルあった最大の岩が観光客の前で崩壊し、二〇〇九年にも一本崩落した。

しかし岩はこのまま減り続けるばかりではない。海による侵食が続く限り、いつかは新たな柱が現れるはずだ。

減ってしまった使徒

崩落して、使徒の数は徐々に減ってしまっているが、
現在も人気の観光地であることには変わりない。

場所	ビクトリア州(オーストラリア)
消滅した時期	2005年、2009年
原因	波、風雨などによる浸食

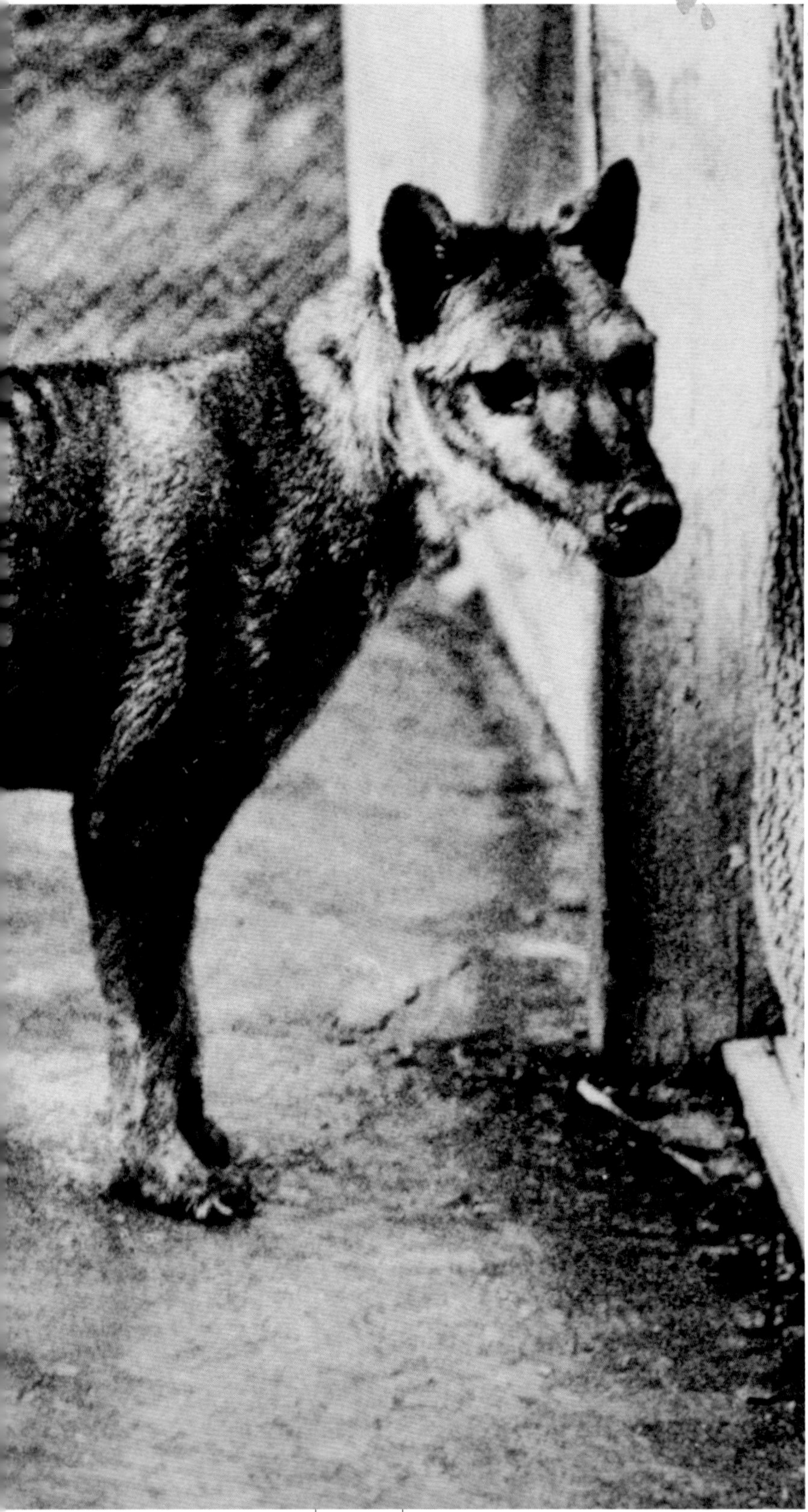

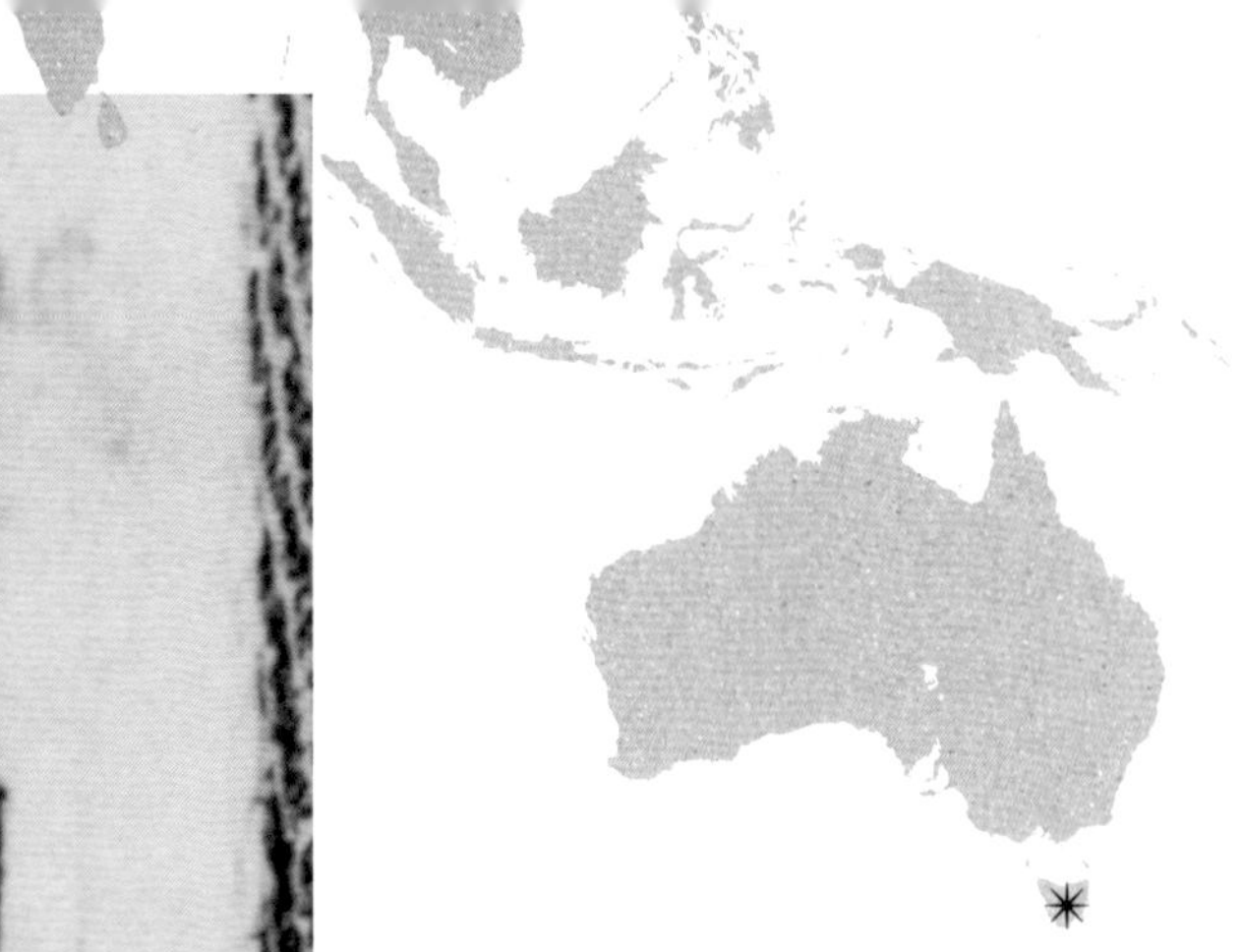

Chapter 28

Tasmanian wolf

タスマニアにいた、最大の有袋類

フクロオオカミ

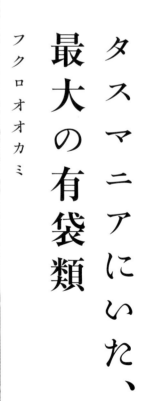

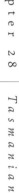

フクロオオカミ

今までに知られている最も大きな肉食の有袋類であるフクロオオカミは、一万年から二万年前の氷河期にオーストラリア本土からタスマニアに渡ったと考えられている。当時は海水面が低下していて本土とタスマニアはつながっていた。

オーストラリア本土にいたフクロオオカミはディンゴとの生存競争に負け、約三〇〇〇年前に絶滅したとされる。社会性を持つディンゴの群れに一頭か二頭で暮らすタスマニアオオカミは太刀打ちできなかったのだ。幸いなことにタスマニア島にはディンゴがおらず、そのおかげでフクロオオカミは生き残ることができた。

フクロオオカミは背中にトラのような縞模様が入っていることから「タスマニアタイガー」と呼ばれることもある。だが猛獣を思わせる名前とは裏腹に性格は比較的おとなしく、用心深い。カオオカミのような遠吠えもしない。カンガルーやコアラと同じく未熟児で出産した子供をお腹の袋で育てる有袋類なのだ。肉食だが動作が遅く、その欠点を独特の嗅覚で補っている。

一八〇三年にヨーロッパ人がタスマニアに上陸した頃、フクロオオカミはまだたくさんいた。しかし、ヨーロッパ系の入植者が始めた羊牧場が増えるにつれて肉食であるフクロオオカミは有害な動物と見なされてしまう。彼らは羊などの家畜を襲うフクロオオカミを「ハイエナ」と呼んで目の敵にし、銃や毒、わななどで捕殺した。

オーストラリア政府は一八八八年から一九〇九年までの間、フクロオオカミを一頭殺すごとに一ポンドの報奨金を与える制度を施行し、その間に二一八四頭も捕殺されたという。その末に残されたフクロオオカミは繁殖するには頭数が足りず、絶滅の道をたどるのみとなってしまった。

一九三三年に野生個体が捕獲され、ホバートの動物園に移されたが一九三六年に死亡した。これが最後のフクロ

かつてフクロオオカミが生息していた、ナンキョクブナの森。

オオカミとなった。フクロオオカミの標本が現在ほとんど残ってないのは、過剰に敵意を抱いた人々がフクロオオカミをたたき殺してしまったからだとされている。

フクロオオカミが絶滅した現在、最大の肉食有袋類はタスマニアデビルである。

生物	フクロオオカミ
消滅した時期	1936年
原因	乱獲・駆除

Chapter 29 | Larsen Ice Shelf

南極海へと流出した島サイズの氷

ラーセン棚氷

2017年7月に南極から分離した巨大な氷山。

前年に確認された亀裂は、幅が100
メートルある。

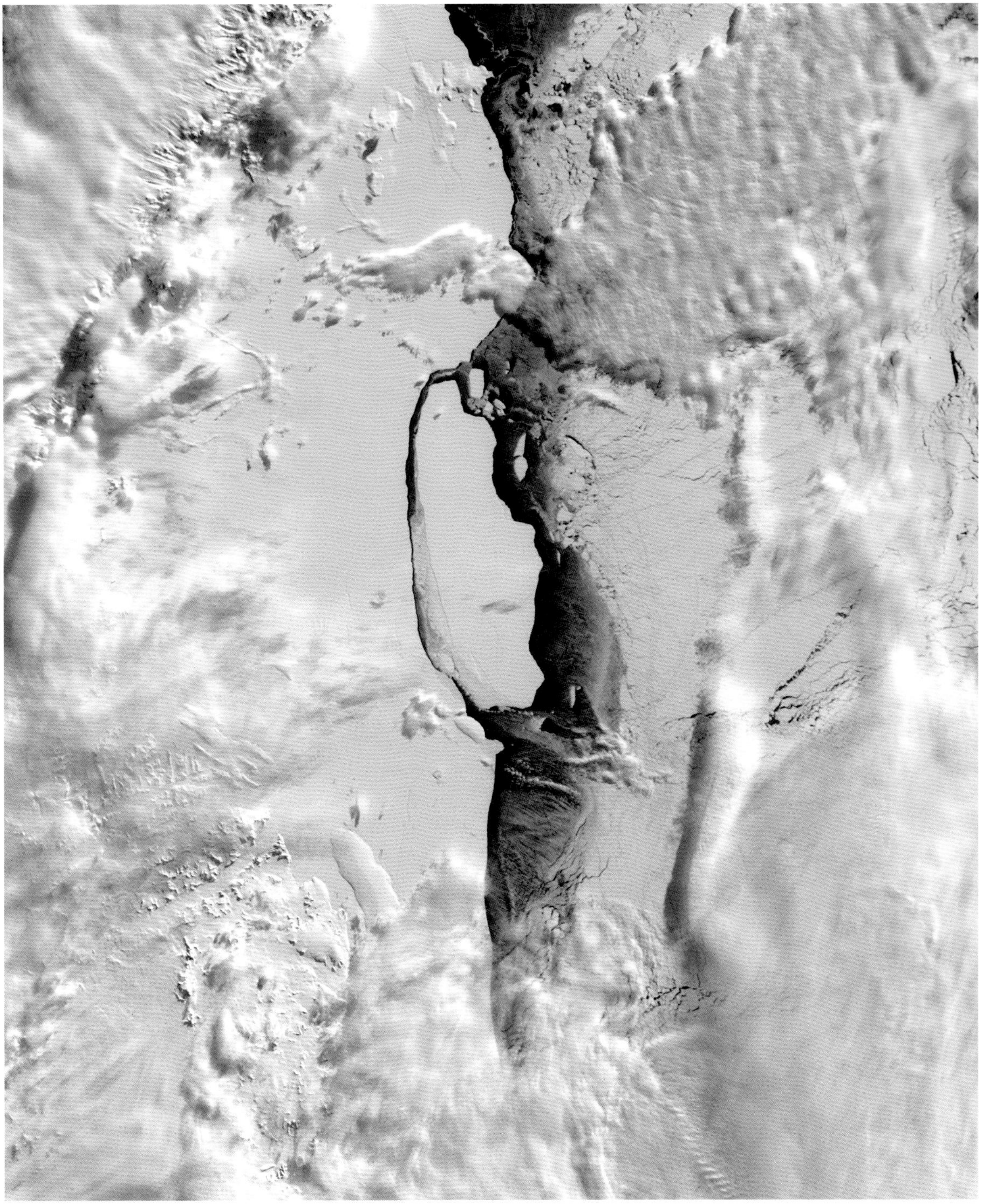

分離したA-68。

ラーセン棚氷

棚氷とは陸の氷と連結して海に浮いている氷の塊だ。陸上の氷河や氷床によって押し出されてできたので、いわば氷の原っぱのような平らな形をしている。南極、グリーンランド、カナダの北部だけにある。南極のラーセン棚氷は南極半島の東岸に位置し、A～Dの区域に分けられる。

棚氷の崩壊や分離はたびたび起きているが、地図が書き変えられるような大きな分離は多くない。

ラーセンC棚氷は南極大陸で四番目に大きな棚氷で、約四万四〇〇〇平方キロの面積があったが、二〇一七年七月、五八〇〇平方キロある氷の塊が棚氷の本体から分離した。これはインドネシアのバリ島や、日本の三重県に相当する面積だ。これほどの規模の分離は今までになかったことで、これによってラーセンCの面積は一二パーセント以上縮小した。

ラーセンC棚氷から分離した氷の塊はA-68と名付けられ、氷山として南極海に流出した。厚さが二〇〇メートル以上、重さは一兆トン以上あるとされ、今まで記録された氷の塊の中でも十本の指に入る大きさだ。船舶などが衝突しないよう、追跡監視されている。

棚氷の一部が分離して海へ流れ出るのは珍しいことではなく、後方にある氷河に押し出されたり、突端の部分が波に削り取られたりして起きる自然現象の一つだ。しかし、今回これほどの大きさの氷の塊が分離したことが注目を集めている。南極半島では、一九四〇年代以降、一〇年に〇・五℃の割合で気温が上昇しており、ラーセン棚氷の崩壊にも南極半島の温暖化が影響していると言われている。

棚氷が分離し海に漂流したからといって、海面が上がることはない。棚氷はすでに海に浮いていたからだ。グラスの中に水と氷とを入れ、氷が溶けてもグラスの中の水は増えないのと同じだ。しかし、背後にある氷河は支えを失ったことになり、これらが海に流れ

2018年に確認された、分離してすぐのため、真四角に見える。
A-68に比べると135平方キロと小さいが、こうした流出は続いている。

でる速度は増すだろう。つまりラーセンC棚氷が支えていた氷床が海に流れやすくなっている。そのすべてが海に流れた場合、海面は一〇センチ上がると推計されている。

南極にはラーセンC棚氷だけでなく、溶解したり分離したりしそうな棚氷が他にもある。

生物	南極
消滅した時期	2017年
原因	温暖化

危機に瀕した自然遺産

筑波大学 教授
吉田正人

　世界遺産条約には、顕著な普遍的価値を持った自然遺産や文化遺産を記載した世界遺産リストのほかに、危機に瀕した自然遺産や文化遺産を記載した危機遺産リストがある。現在、五三カ所が危機遺産リストに掲載され、そのうち一七カ所は自然遺産である。インドネシアのスマトラ島の熱帯雨林、ソロモン諸島の東レンネル、ホンジュラスのリオ・プラタノ、メキシコのカリフォルニア湾、米国のエバーグレーズ国立公園の五カ所以外は、すべてアフリカにある自然遺産である。

　アフリカのコンゴ民主共和国の五つの自然遺産（ガランバ国立公園、カフジ・ビエガ国立公園、オカピ自然保護区、ビルンガ国立公園、サロンガ国立公園）は、いずれも一九九〇年代から続いた内戦と密猟によって、マウンテンゴリラ、シロサイ、オカピなどが絶滅のおそれのある状態となってしまった。内戦によって銃が流入したため、密猟者の銃のほうが、密猟を取り締まるレンジャーの銃より高性能であり、多くのレンジャーが命を落としている。さらに、携帯電話に使われるレアメタルの採掘も野生動物の生息地に大きな影響を与えている。アフリカの危機遺産の多くが、鉱物採掘による影響を受けており、ギニアとコートジボアールの国境をまたぐニンバ山厳正保護区やタンザニアのセルース野生生物保護区でも、それぞれ鉄鉱石、ウラン鉱石の採掘が問題となっている。

　アジアでも、インドネシアのスマトラ島の熱帯雨林遺産（グヌン・ルスル国立公園、ケリンチ・スブラット国立公園、ブキット・バリサン・スランタン国立公園）は、森林伐採の危機に瀕している。スマトラ島の熱帯雨林は、トラ、アジアゾウ、スマトラサイ、オランウータンなどの重要な生息地だが、アブラヤシの栽培のため伐採され、さらに森林伐採後の乾燥によって泥炭地の火災を招いている。森林火災は、野生動物の生息地を奪うだけではなく、煤煙による健康被害を引き起こすとともに、泥炭地に蓄積された二酸化炭素を放出し地球温暖化に拍車をかけている。そのため、世界遺産委員会は、二〇一一年にスマトラ島の熱帯雨林遺産を危機遺産リストに記載することを決定した。

　メキシコのカリフォルニア湾は、コガシラネズミイルカとトトアバという海産魚の生息地であり、両種ともＩＵＣＮ（国際自然保護連合）のレッドリストで、絶滅寸前種に分類されている。トトアバの浮袋は、中国では珍味とされ、メキシコ政府が禁漁としているにもかかわらず、中国のブラックマーケットで高価に取引されるため、刺し網で捕獲されている。その刺し網に、コガシラネズミイルカが混獲され、絶滅のおそれが高まっている。そのため、二〇一九年に世界遺産委員会は、カリフォルニア湾を危機遺産リストに掲載することを決定した。

アメリカ合衆国フロリダ州のエバーグレーズ国立公園は、一九九三年に都市化による水質汚染が問題となり危機遺産リストに掲載され、二〇〇七年には水質の改善が見られたため解除されたが、二〇一〇年以降、再び危機遺産リストに登録されている。エバーグレーズ国立公園は、メキシコ湾に面した広大な湿地帯であり、シロトキ、アメリカトキコウなどの鳥類やアメリカマナティー、フロリダパンサー、フロリダピューマ、ミシシッピワニなどの重要な生息地となっている。しかし一九五〇年代に始まる都市化の影響で、地下水位の低下、水質悪化が問題となり、シロトキの個体数も一〇分の一に減少したため、一九九三年には危機遺産リストに掲載された。その後、直線化された河川を蛇行した元の形に戻すなど努力を行った結果、水質が改善し、二〇〇七年に危機遺産を解除された。しかし、二〇一〇年には海洋の水質汚染が問題となり、再び危機遺産リストに掲載された。当局の努力により、水質は改善し鳥類も増えてきたが、地球温暖化による水位の上昇や巨大ハリケーンの襲来による国立公園への影響が懸念されるため、現在も危機遺産リストに掲載されている。

地球温暖化は、本書でも紹介したアルプスの氷河や知床の流氷の減少など、世界遺産に記載された自然遺産に限らず、あらゆる自然生態系において脅威となっている。日本の南アルプス（赤石山脈）は、世界のライチョウの生息の南限であるが、地球温暖化とそれに伴うサルやシカなどの分布の拡大によって、絶滅の危機に瀕している。また海水温が二度上昇するだけでも、サンゴ礁には大きな影響が出る。沖縄県石垣島と西表島の間に広がる石西礁湖は、海水温の上昇に加え、赤土の流入、オニヒトデの食害によって危機に瀕している。海は人間活動によって排出された二酸化炭素などの温室効果ガスを吸収し、地球温暖化を緩和してくれているが、二酸化炭素の過度の吸収により海洋の酸性化が進むと、サンゴは骨格をエビやカニなどの甲殻類は殻を作ることができなくなる。

私たちの世代の活動がひきおこした地球温暖化によって、私たちは現在のような地球を見ることができる最後の世代となるかもしれない。

写真クレジット

6-7, 11: Library of Congress
8-9: Library of Congress
12: Library of Congress
13: Alamy Stock Photo/amanaimages
14-15: Science Source/amanaimages
17: Science Photo Library/amanaimages
18-19: Alamy Stock Photo/amanaimages
20-21: NPL/amanaimages
23: Alamy Stock Photo/amanaimages
24-25: Lucas Bustamante / naturepl.com/amanaimages
27: Konrad Wothe/Minden Pictures/amanaimages
28-29: Mark Carwardine/Nature Production/amanaimages
30-31: Alamy Stock Photo/amanaimages
33: awlimages/amanaimages
34-35: Science Photo Library/amanaimages
37: Science Photo Library/amanaimages
37: Science Photo Library/amanaimages
38-39: Alamy Stock Photo/amanaimages
40-41: Science Photo Library/amanaimages
43: SCIENCE SOURCE/amanaimages
44-45: awlimages/amanaimages
47: Alamy Stock Photo/amanaimages
48-49, 59: Alamy Stock Photo/amanaimages
50-51: UIG/amanaimages
53: Sputnik/amanaimages
54: Science Photo Library/amanaimages
55: Alamy Stock Photo/amanaimages
56-57: imageBROKER/Christian Zappel/amanaimages
60-61: Alamy Stock Photo/amanaimages
63: Alamy Stock Photo/amanaimages
64-65: Alamy Stock Photo/amanaimages
66-67: Library of Congress
69: Sipa Press/amanaimages
70-71, 117: ZUMA Press/amanaimages
72-74: Alamy Stock Photo/amanaimages
75: Alamy Stock Photo/amanaimages
76-77: amanaimages
78-79: amanaimages
81: amanaimages
82-83: George Steinmetz/National Geographic Creative
84-85: amanaimages
87: amanaimages
88-89: 朝日新聞社/amanaimages
90: 国土地理院撮影の空中写真（1948年撮影）
91: 国土地理院撮影の空中写真（1967年撮影）
93: SHASHINKIKAKU/SEBUN PHOTO/amanaimages
94-95: 朝日新聞社/amanaimages
97: FUSAO ONO/SEBUN PHOTO/amanaimages
98-99: Anup Shah/Minden Pictures/amanaimages
100-101: Thomas Marent/Minden Pictures/amanaimages
103: Alamy Stock Photo/amanaimages
104-105: Majority World/UIG/amanaimages
107: STEVE WINTER/National Geographic Creative
108-109: Robert Harding Picture Library/National Geographic Creative
111: 吉田正人
112-113: Alamy Stock Photo/amanaimages
114-115: Alamy Stock Photo/amanaimages
118-119, 149: AUSCAPE/amanaimages
120-121: Alamy Stock Photo/amanaimages
123: Alamy Stock Photo/amanaimages
124-125: Library of Congress
127: Alamy Stock Photo/amanaimages
128-129: Alamy Stock Photo/amanaimages
130-131: Tui De Roy/Minden Pictures/amanaimages
132-133: Science Source/amanaimages
135: age fotostock/amanaimages
136-137: SAN/a.collectionRF/amanaimages
138-139: Alamy Stock Photo/amanaimages
141: Cedric Gerbehaye/National Geographic
142-143: agefotostock/amanaimages
145: NPL/amanaimages
146-147: Alamy Stock Photo/amanaimages
150-151: NASA/John Sonntag
152: NASA/John Sonntag
153: NASA/Jesse Allen
155: NASA/Jeremy Harbeck

主な参考文献・URL
whc.unesco.org/
nationalgeographic.jp/
www.iucnredlist.org/
www.wwf.or.jp/
www.atlasobscura.com/places/last-tree-tenere
www.toumaiwebmedias.com/2019/08/04/niger-larbre-magique-du-tenere-en-plein-desert-age-de-300-ans-etait-renverse-par-un-camion-libyen/
www.conservationjobs.co.uk/articles/flamingos-flee-lake-nakuru/
www.geography.org.uk/Images-of-Kenya--Lake-Nakuru-flamingos
madagascar-embassy.jp/
ourworld.unu.edu/jp/sucking-dry-an-african-giant
www.globalpolicy.org/component/content/article/198/40377.html
水野一晴「キリマンジャロの氷河の縮小」『地学雑誌』112、pp620-622、2003年
Watson, Rupert "The African Baobab" Struik Publishers, 2008
geographical.co.uk/places/deserts/item/2137-the-enduring-legacy-of-the-fallen-baobab
安食和宏「ベトナムの環境問題－マングローブ林の変遷と今日的課題－」『日本地理学会発表要旨集』、2017年
www.pref.akita.lg.jp/pages/archive/8842
www.ogata.or.jp/encyclopedia/agriculture/index.html
www.jsidre.or.jp/tabata2/
www.pa.ktr.mlit.go.jp/chiba/overview/tokyo/tidelands/index.html
www.nies.go.jp/kanko/kankyogi/15/column.html
www.spf.org/opri/newsletter/50_1.html
www.theguardian.com/sustainable-business/2017/sep/28/last-place-on-earth-deforestation-palm-oil-threat-leuser-rainforest
www.theguardian.com/science/2017/apr/17/receding-glacier-causes-immense-canadian-river-to-vanish-in-four-days-climate-change
www.cbc.ca/news/canada/north/slims-river-dries-yukon-kluane-glacier-1.3639472
www.hcn.org/issues/48.9/why-hetch-hetchy-is-staying-under-water
『ナショナル ジオグラフィック日本版』2019年2月号
nationalzoo.si.edu/animals/guam-rail
parkweb.vic.gov.au/explore/parks/twelve-apostles-marine-national-park
earthobservatory.nasa.gov/images/89257/close-look-at-a-crack-on-larsen-c
earthobservatory.nasa.gov/images/91313/a-birdseye-view-of-iceberg-a-68a
他、各報道を参照。

監修者・執筆協力者紹介

監修 吉田正人（よしだ・まさひと）

1956年、千葉県生まれ。筑波大学大学院教授。公益財団法人日本自然保護協会専務理事。

千葉大学卒業後、日本自然保護協会研究員として世界遺産条約批准促進にたずさわる。

現在、小笠原諸島世界自然遺産科学委員会委員、富士山世界文化遺産学術委員会委員を務める。

主な著書に『世界遺産を問い直す』（山と渓谷社）『世界自然遺産と生物多様性保全』（地人書館）などがある。

執筆協力 岡崎秀（おかざき・ひで）

英仏翻訳家、ライター。慶応義塾大学文学部仏文科卒。
映像翻訳、英仏語でのインタビューもこなす。
訳書に『一〇〇年前の世界一周』『ビジュアル年代表で読む 西洋絵画』（日経ナショナル ジオグラフィック社）、
執筆協力に『消滅絶景』（日経ナショナル ジオグラフィック社）などがある。

ナショナル ジオグラフィック協会は1888年の設立以来、研究、探検、環境保護など1万3000件を超えるプロジェクトに資金を提供してきました。ナショナル ジオグラフィックパートナーズは、収益の一部をナショナルジオグラフィック協会に還元し、動物や生息地の保護などの活動を支援しています。

日本では日経ナショナル ジオグラフィック社を設立し、1995年に創刊した月刊誌『ナショナル ジオグラフィック日本版』のほか、書籍、ムック、ウェブサイト、SNSなど様々なメディアを通じて、「地球の今」を皆様にお届けしています。

nationalgeographic.jp

消滅絶景

もう見られない世界の美しい自然

2020年6月29日　第1版1刷

編著　ナショナル ジオグラフィック
監修　吉田正人
執筆協力　岡崎秀
編集　尾崎憲和　葛西陽子
デザイン　三木俊一（文京図案室）
発行者　中村尚哉
発行　日経ナショナル ジオグラフィック社
〒105-8308 東京都港区虎ノ門4-3-12
発売　日経BPマーケティング
印刷・製本　シナノパブリッシングプレス

ISBN978-4-86313-459-1
Printed in Japan

乱丁・落丁本のお取替えは、こちらまでご連絡ください。
https://nkbp.jp/ngbook